KB008826

나는 어디에 있는가?

코로나 사태와 격리가
지구생활자들에게 주는 교훈

지은이 **브뤼노 라투르** Bruno Latour

프랑스의 사회학자이자 인류학자, 철학자. 과학기술학 연구자이다. 1982년부터 2006년까지 파리국립광업학교에서, 2006년부터 2017년까지 파리정치대학에서 교수로 재직했다. 파리정치대학의 명예교수이며, 2018년부터는 독일 카를스루 미디어아트센터에서 연구를 이어 가고 있다. 과학기술학 분야의 개척자이자 가장 영향력 있는 사상가로서 2013년에는 인문사회과학 분야의 노벨상으로 불리는 홀베르상을 수상했다. 대표 저서로는 첫 책인 『실험실 생활*Laboratory Life*』부터, 과학기술학의 고전으로 자리매김한 『젊은 과학의 전선*Science in Action*』, 근대성에 대한 독특한 관점을 담은 『우리는 결코 근대인이었던 적이 없다*We Have Never Been Modern*』, 과학전쟁의 결과를 탐구한 『판도라의 희망*Pandora's Hope*』 등 숱한 문제작들을 펴냈다.

옮긴이 **김예령**

서울대학교 불어불문학과 및 동 대학원 석사, 파리7대학 문학박사. 서울대학교 강사. 현대 프랑스문학과 이론을 기반으로 연구, 번역, 다양한 글쓰기를 한다. 장-뤽 낭시의 『코르푸스: 몸, 가장 멀리서 오는 지금 여기』, 나탈리 레제의 『사뮈엘 베케트의 말 없는 삶』, 루이-페르디낭 셀린의 『제멜바이스 / Y 교수와의 인터뷰』, 모리스 블랑쇼의 『지극히 높은 자』 등을 우리말로 옮겼다.

OU SUIS-JE? Leçons du confinement à l'usage des terrestres
by Bruno Latour

나는 어디에 있는가?

코로나 사태와 격리가
지구생활자들에게 주는 교훈

브뤼노 라투르 지음
김예령 옮김

이음

사라와 로뱅송의 아들, 릴로*에게

〈우 아테리르Où atterrir?〉 프로젝트** 참가자들에게

* 라투르의 손자. 이 책은 그에게 들려주기 위한 철학적 콩트처럼 써졌다. 본문에서 '너'라는 지칭은 간혹 이 릴로를 향한다.

** 〈우 아테리르(어디에 착륙할 것인가)?〉는 브뤼노 라투르의 『지구와 충돌하지 않고 착륙하는 방법』(박범순 옮김, 이음, 2021)의 원저(2017) 제목이면서 라투르를 주축으로 여러 학자, 예술가, 엔지니어 등이 모여 결성한 사회적 연구 프로젝트의 명칭이다. 이 프로젝트는 신기후체제 이후 세계가 당면한 제반 문제들을 장기간에 걸쳐 점검한다는 목표 아래 다양한 기획과 시범 사업, 문화예술 캠페인 등을 펼치고 있다. 그 활동의 면면은 https://ouatterrir.fr 또는 http://www.bruno-latour.fr에서 확인할 수 있다.

"땅의 너비를 네가 측량할 수 있느냐
네가 그 모든 것들을 다 알거든 말할지니라."
— 욥기 38장 18절

차례

일러두기

- 원서에서 이탤릭체로 강조한 곳은 고딕으로 표시했습니다.
- 본문 하단에 있는 주는 모두 옮긴이 주입니다.

1.
흰개미-되기

시작하는 방법은 여러 가지다. 예를 들어 이런 식도 가능하다. 잠시 기절했다 눈 비비며 깨어나는 어느 소설 주인공처럼, 얼빠진 표정으로 이렇게 중얼거리기. "내가 지금 어디 있는 거지?" 이토록 긴 격리* 체험 이후에, 얼굴엔 마스크를 하고, 어쩌다가 회피하는 시선으로 지나가는 몇몇 이들을 제외하면 아무도 안 보이는 거리로 나서서 자신이 어디 있는지를 깨닫는 건 과연 쉬운 일은 아니다.

특히나 이 주인공을 낙담시키는 건, 아니, 그를 오싹하게 하는 건 자신이 얼마 전부터 달을 — 어제저녁부터 저 달은 아주 둥글다 — 바라보기 시작했다는 사실이다. 마치 그것만이 아직까지 별 불편함을 느끼지 않으면서 바라볼 수 있는 유일한 대상인 것만 같다. 태양? 그것의 열기를 즐기려다 이내 기후 온난화 문제를 떠올리지 않기란 불가능하다. 바람에 흔들리는 나무들? 그는 그 나무들이 말라 가거나 톱 아래에서 소멸되는 광경을 목격하게 될지도 모른다는 두려움에 가슴이 엔다. 구름에서 떨어지는 저 물방울도 그렇다, 그는 그것이 오고

* 이에 해당하는 원어는 'confinement'. 라투르의 고국인 프랑스의 코로나 감염병 조처를 생각하면 '봉쇄'이겠으나 사회적 거리두기에 중점을 둔 정책이 시행된 한국의 상황을 감안해 전반적으로 '격리'로 옮겼다. 단 프랑스의 특정 상황을 강조할 필요가 있는 문맥에서는 '봉쇄'를 선택했다.

아니고를 제가 책임져야만 한다는 그리 유쾌하지 않은 느낌이 든다. "당신도 알다시피 머지않아 사방에 저게 부족하게 된다고요!" 즐거운 마음으로 풍경을 관조한다고? 그런 생각일랑 하지도 말자, 우린 이제 저마다 자기가 초래한 오염을 책임져야 하고, 당신이 아직도 황금빛 밀을 보며 감동한다면 그건 당신이 유럽연합의 농업정책 때문에 개양귀비들이 사라졌다는 사실을 깜빡 잊었기 때문이니까. 인상파 화가들이 흐드러지게 넘쳐 나는 아름다움을 그렸던 바로 그곳에서 당신은 들판을 사막으로 변질시킨 공동농업정책의 충격적인 효과만을 볼 수 있을 따름이다…. 그렇다, 분명 우리의 주인공은 시선을 달에다 둘 때나 불안을 진정시킬 수 있다. 적어도 달의 둥그런 모양과 그 변화하는 양상만큼은 전혀 저 자신의 책임이라는 생각이 들지 않으니까. 그게 이 주인공에게 남은 마지막 볼거리다. 저 달빛이 그토록 네 마음을 움직이는 이유는 결국 그것의 운동에 네가 아무 책임이 없다는 걸 너 스스로 알고 있기 때문이야. 예전에, 너의 사소한 행동이 일으키는 효과를 굳이 생각하지 않아도 되었던 시절에 들판과 호수, 나무, 강과 산, 풍경들을 바라볼 때 그랬던 것처럼. 예전이라고. 그리 오래된 일도 아니다.

눈을 뜨면서 나는 카프카의 주인공, 즉 단편 「변신」에서 잠자던 중에 바퀴벌레, 게, 또는 갑각류 해충으로 변한 사내가 겪는 고뇌를 느끼기 시작한다. 그 사내는 졸지에 예전처럼 자리에서 일어나 출근하지 못하게 된 자신을 발견하고 공포에 싸여 침대 밑에 숨는다. 그리고 신경 써서 열쇠로 잠가 둔 제 방문을 여동생이, 부모가, 사장이 두드리는 소리를 듣는다. 그는 더 이상 몸을 일으킬 수 없다. 등이 강철처럼 딱딱하다. 사방으로 움직이는 제 발들, 또는 집게발들을 다루는 법을 다시 익혀야만 한다. 그는 차츰 이제 아무도 자신의 말을 알아들을 수 없다는 사실을 깨닫는다. 그의 몸은 형태와 크기가 변했다. 그는 저 자신이 '끔찍한 벌레'가 되었음을 느낀다.

마치 나 역시도 진정한 변신을 겪고 난 것만 같다. 예전에 내 몸을 아무 죄책감 없이 데리고 다닐 수 있었다는 기억은 여전하건만. 하지만 지금의 난 내 등 뒤에 길게 늘어지는 이산화탄소의 띠를 애써 뽑아내야만 한다고 느끼고, 그 느낌은 내가 비행기 표를 사서 날아오르지 못하도록 제지할뿐더러, 이후로는 내 움직임을 사사건건 방해한다. 가령 멀리 있는 빙하를 녹아내리게 할지도 모른다는 두려움에 자판을 두드릴 엄두마저 못 내게 만드는 식으로. 지난 1월 이후로 상황은 더 나쁘다. 왜냐하면, 설상가상으로 — 이런 이야기는 계속해서 반복적으로 들려오는데 — 내가 내 앞에다 분사하는 가볍고 투명한 에어로졸의 작은 비말들은 폐 속에 극미한 바이러스들을 퍼뜨리며, 이 바이러스들은 의료 서비스마저 한계에 달해 자기 집 침대에서 와병할지도 모를 내 이웃들을 질식사시킬 수 있기 때문이다. 따라서 나는, 날이 갈수록 점점 더 끔찍한 결과를 초래할 갑각류와도 같이, 앞으로든 뒤로든 기는 법을 배워야만 한다. 게다가 이렇듯 외과용 마스크를 끼고 힘겹게 호흡하며 지정된 거리를 유지하도록 노력한다 해도 그리 멀리까지 포복하지는 못할 것이다. 당연하게도, 쇼핑 카트를 채우려다 말고 이

내 난 한층 더 난처해질 테니까. 이 커피잔은 열대 지역의 토양을 황폐화시키지, 이 티셔츠는 방글라데시의 어느 어린이를 빈곤으로 몰아넣지, 내가 즐겨 먹던 설익힌 스테이크에서는 메탄가스가 방출되는데 그것은 기후 위기를 더욱더 가속시키지. 그 결과 나는 신음하고, 몸을 뒤틀고, 이와 같은 변신에 공포감을 느낀다. 내가 마침내 이 악몽에서 깨어나 예전처럼 자유롭고, 통합되고, 유동적인 존재로 다시 돌아갈 수 있을까? 그러니까 옛날식의 인간으로 말이다! 격리라고, 알았다. 하지만 그냥 몇 주 동안만 그러자꾸나. 앞으로 영원히라면, 그건 절대 안 된다, 너무 끔찍해. 제 부모의 크나큰 안도와 함께 벽장 속에 말라붙어 죽는 그레고르 잠자처럼 끝을 맞이하고 싶은 사람이 누가 있으랴?

그러나 변신은 분명히 일어나고 말았다. 이 악몽에서 깨어나 이전으로 되돌아가게 될 것 같지는 않다. 어제도 격리, 내일도 격리다. '끔찍한 벌레'는 비스듬히 이동하는 법을 익혀야 한다. 또 자신의 더듬이와 띠 모양의 자국들, 그리고 스스로 방출하는 바이러스와 가스의 궤적 때문에 저마다 혼란에 빠진 채 강철로 된 날개를 철거덩거리며 끔찍한 보철물 부딪는 소리를 내는 이웃이며 부모(잠자 가족도 아마 곧 남들처럼 변이를 시작하겠지?)와 드잡이하는 법을 익혀야 한다. "대체 내가 어디에 있는 거지?" 다른 곳에, 다른 시간대에, 다른 이가 되어서, 다른 민족의 일원이 되어 있구나. 어떻게 여기에 적응할까? 늘 그랬듯이, 주저하고 더듬으면서 그러는 수밖에. 달리 어쩌겠는가?

카프카는 정곡을 찔렀다. 바퀴벌레-되기는 내가 내 자리를 탐지하고 현재의 내 위치를 포착하는 데 꽤나 유용한 출발점을 제공하기 때문이다. 곤충들은 도처에서 사라져 가는 중이지만 개미들과 흰개미들은* 늘 여기 이 자리에 있다. 이 사실이 우리를 어디로 이끄는지 알기 위해 그들의 도주선에서부터 출발해 보면 어떨까?

버섯 재배 흰개미들이 나무를 소화하는 능력을 가진 특정 버섯 — 그 유명한 흰개미버섯 — 과 공생하는 방식에서 확인되는 커다란 편이성은 이 흰개미들이 흙을 씹어서 그 내부에 일종의 온도 조절 기능을 유지하는 거대한 둥지를 세운다는 사실에 있다. 며칠에 걸쳐 각각의 자양분 조각들이 흰개미 각각의 소화관을 통과하는, 말하자면 점토로 만들어지는 프라하**를 말이다. 흰개미는 틀어박혀 있다. 그건 두말할 나위 없이 격리의 모델 그 자체다. 흰개미는 결코 바깥으로 나오(게 하)지 않는다! 오로지 흰개미집만이 배출될 뿐. 하지만 흙덩이를 하나하나 뱉어 내면서 그 집을 세우는 건 다름 아닌 흰개미 자신이며, 바로 그 사실에 의해, 즉 제집을 약간 더 멀리 확장시킨다는 조건하에 흰개미는 어디로나 갈 수 있다. 흰개미는 제집 속에 스스로를 은폐하고 그것으로 스스로를 감싸며, 그 집은 흰개미의 내적 환경인 동시에 그가 하나의 외부를 가

* 개미fourmi가 벌목에 속하는 데 비해 흰개미termite는 이들과 이름이 유사할 뿐 바퀴벌레목의 근연종으로 분류된다.

** 프란츠 카프카(1883~1924)는 체코 프라하 태생이다. 자수성가한 유대인 상인 헤르만 카프카와 율리 뢰비 카프카의 장남으로 태어나, 상류층만이 사용하는 프라하의 독일어를 모어로 글을 썼다.

지는 고유한 방식이고, 어떤 의미에서 녀석의 확장된 몸이기도 하다. 학자들이라면 이를 흰개미의 1차에 이은 2차 '외골격 exosquelette', 흰개미의 갑각, 또는 분절체와 절지라고 일컬을 수도 있으리라.

만약 내가 '카프카적'이라는 형용사를 마른 갈색의 흙으로 구성된 감옥 같은 세계 속에 아무런 먹이 없이 고립된 흰개미에게만 적용한다면, 아니, 그보다 그 표현으로 수억 마리에 달하는 제 부모들과 동포들이 먹어 치운 나무들 덕분에 자신의 흙집을 소화해 냈다는 사실에 — 그들의 먹이는 지속적인 흐름을 형성해서, 그는 그 와중에 분자 몇 조각을 떼어 낼 수 있었다 — 마침내 크게 만족하는 그레고르 잠자를 가리킨다면, 그 의미는 달라진다. 어쩌면 이건 수많은 선례에 이어 이 유명한 이야기 「변신」에 또 한 차례 새롭게 일어나는 변신이랄 수도 있겠다. 그런 경우라면 더 이상 아무도 그를 끔찍한 괴물로 여기지 않으리라. 아무도 아버지 잠자가 그랬듯이 그를 바퀴벌레처럼 짓밟아 죽이려 들지 않으리라. 아마도 내가 그에게 다른 감정들을 씌워 줘야만 할 듯하다. 우리가 시시포스에 대해 그랬던 것과 마찬가지로, 그러나 전혀 다른 이유에 입각하여, "행복한 그레고르 잠자를 상상해야만 한다"라고 외치면서 말이다….

이제 안도할 방편이라고는 (제 근심 바깥에 있는 유일하게 가까운 존재가 그것이기 때문에) 달을 바라보는 일밖에 남지 않은 사람의 공포를 어쩌면 이 같은 벌레-되기, 흰개미-되기가 진정시켜 주지 않을까. 결국, 네가 나무와 바람, 비, 가뭄, 바다, 강,

그리고 물론 나비와 벌 들을 바라보면서 그처럼 불안을 느낀다면 그건 너 스스로 책임이 있다고, 그래, 깊이 따지고 보면 네가 그것들을 파괴하는 자들에 맞서 싸우지 않는 죄를 짓고 있다고 생각하기 때문이다. 네가 그것들의 존재에 스며들어 있고, 그것들의 궤적과 겹쳐져 있기 때문이다. 그런데, 맞다, 너도 똑같아, 말하자면 너도 피장파장tu quoque이라고. 너도 그것들을 소화했고, 수정했고, 변형시켰지. 너도 그걸로 네 내적 환경을, 네 흰개미집을, 네 도시, 시멘트와 돌로 된 너의 프라하를 만들었어. 그렇다면 무엇 때문에 불안을 느끼려는 거야? 네겐 더 이상 아무것도 낯설지 않은데. 넌 더 이상 혼자가 아닌데. 수천억 부모와 동료와 동포와 경쟁자 들의 물질대사를 거쳐 네 내장 속으로 도착하는 몇 개의 분자들을 넌 평온하게 소화하고 있는데. 넌 이제 네 예전의 방 안에 있지 않아, 그레고르. 어디든 갈 수 있는데 왜 계속해서 수치심으로 숨어들려고 해? 넌 피해 달아났어. 그러지 말고 앞으로 나와. 그리고 우리에게 가르침을 다오!

아마도 넌 너의 더듬이, 절지, 발산물, 노폐물, 아랫부리, 보철물 들과 더불어 드디어 한 인간이 되는 거야! 그리고 그와 반대로, 자신들의 벌레-되기를 거부함으로써 결국 무정한 비인간inhumain이 되고 만 건 바로 네 부모, 근심에 차고 두려움에 질려서 네 문을 노크하는 그들, 그리고 너의 용감한 여동생 그레테가 아닐까? 기분이 좋지 않아야 할 자들은 네가 아니라 그들이야. 변신해 버린 건, 기후 위기와 팬데믹이 '괴물'로 변모시킨 건 바로 그들 아니야? 사람들은 카프카의 단편을 거꾸로 읽었어. 그레고르가 털로 덮인 제 여섯 개의 절지를 디디고 다시 일어나는 것이야말로 마침내 그가 제대로 움직이는 일, 그리고 격리에서 스스로를 구출하는 방법을 우리에게 가르쳐 주는 일일 거야.

우리가 이야기하는 사이 달이 기울었다. 달은 네 근심의 바깥에 있다. 그것은 낯선데, 예전과 다른 방식으로 그렇다. 넌 그리 설득되지 않은 듯한데? 여전히 불안이 남아 있다고? 그건 내가 널 너무 쉽게 안심시켰기 때문이다. 네 기분은 더욱더 나쁜가? 너는 이 변신을 증오하는가? 넌 다시 옛날식의 인간이 되고 싶은가? 네 말이 옳다. 우리는 이미 벌레가 되었지만, 거기서 한술 더 떠 나쁜 벌레에 속하게 될 수도 있다. 그다지 멀리 움직이지 못하는 채, 열쇠로 걸어 잠근 우리 방에 유폐되어서 말이야.

이 '땅으로의 귀환'이라는 사건은 내게 어지럼증을 안긴다. 추락하지 않고 내려설 수 있을 곳이 어딘지, 우리가 장차 어떻게 될 것인지, 누구와 제휴했다고 느끼게 될지 아닐지를 말해 주지 않으면서 착륙을 추진하는 건 옳지 않아. 나는 너무 빨리 움직여야 했다. 추락한 장소에서 출발하다니, 곤혹스럽다. 이제는 GPS의 도움을 받아 내 위치를 측정할 수 없다. 어떤 것도 대략적으로나마 검토할 수 없다. 그러나 동시에 이건 내 기회이기도 하다. 우리가 있는 바로 그 자리, 말하자면 제로 지점ground zero*에서 출발해, 가시덤불 속에 난 가장 첫 번째 경

* 핵폭탄이 터지는 지점.

로를 따르며 그것이 우리를 어디로 이끄는지 보려고 노력하는 걸로 충분하니까. 공연히 서두를 필요는 없다. 깃들 곳을 찾기엔 아직 약간의 시간이 있다. 물론 난 높은 곳에서 전 인류를 향해 무턱대고 장광설을 풀던 내 멋지고 우렁찬 목소리를 잃었다. 제 부모 귀에 들리는 그레고르의 그것처럼 내 말투는 뱃속의 소름 끼치는 꾸르륵 소리와 비슷하게 들릴 위험이 있는데, 이것이 이 동물-되기의 전적인 난점이다. 그러나 중요한 건 달 없는 밤 속을 더듬어 나아가며 서로를 소리쳐 부르는 이들의 목소리가 사방에 들리도록 하는 일이다. 그럼으로써 그 부름들의 주변으로 또 다른 동포들이 다시 모여들 수 있을 테니까.

2.
어쨌거나 상당히 넓은 장소에 격리되다

“내가 어디에 있는 거지?” 벌레가 되어 눈 뜨는 자는 탄식한다. 내 동시대 사람들의 절반이 그렇듯이, 아마도 도시 안에서. 결과적으로 난 일종의 펼쳐진 흰개미집 내부에 있는 나 자신을 다시 발견한다. 벽과 길, 각종 조절 시스템, 식량의 유통 경로, 케이블망 등의 장치가 있고 그것의 분화는 들판 아래로, 아주 멀리까지 확산된다. 흰개미들의 관管이 그들로 하여금 아주 멀리 떨어진 목조 주택의 가장 단단한 들보마저도 뚫고 들어갈 수 있도록 돕는 것과 같은 이치라. 도시에 있는 나는, 어떤 의미로는 아주 미미한 지분으로나마 늘 ‘내 집 안에’ 있다. 가령, 난 이 벽을 다시 칠했고, 외국에서 이 탁자를 들여왔고, 실수로 이웃의 아파트에 물이 새게 했고, 이 집세를 물었다. 그리고 바로 이런 것들이 이 루테시아절 석회암calcaire lutétien*의 배경 틀 안에, 그 장소의 자국들과 주름들과 풍요로움에 영원히 첨가되는 몇 개의 극미한 흔적들이다. 나는 이 틀을 관찰하며 각각의 돌에서 그것을 만든 도시인을 한 명씩 다시 발견한다. 거꾸로 도시인들에서 출발한다면, 이번엔 난 그들의 행위

* 파리(옛 이름은 뤼테티아) 지역 및 프랑스 북부의 광범한 퇴적 분지에 분포하며 매우 단단하고 균질적이어서 다양한 건축물에 사용되는 석회암. 루테시아절은 에오세(신생대 제3기를 다섯 단계로 나누었을 때 그중 두 번째)에 든다.

각각에 대해 그들이 돌에다 남기고 떠난 자취를 하나씩 발견하게 되리라. 가령 벽 위의 이 커다란 얼룩은, 그리고 저 낙서 역시도, 생긴 지 이십 년이 지나고 나자 내 것이 되었다. 다른 사람들이 익명의 차가운 얼개라고 여기는 것이 내게는 어쨌든 거의 작품이나 마찬가지인 것이다.

도시는 흰개미집과 흡사하다. 거주 환경과 거주자들은 연속선상에 있다. 하나를 정의하는 일은 다른 나머지들을 정의하는 일과 같다. 거주자들이 떠나거나 묘지에 매장되어 말라 가며 제 뒤의 궤적들 속에 하나의 거주 환경을 남길 때, 도시는 그 거주자들의 외골격이다. 자신의 도시에 있는 한 명의 도시인은 제 껍질 안에 든 한 마리 소라게와 같다. "그러니까 대체 내가 어디에 있는 거냐고?" 나는 내 껍데기 안에, 그것에 의해 그리고 부분적으로 그것 덕분에, 거기에 있다. 가령 엘리베이터가 없다면 내가 산 생활용품들을 내 집까지 올리는 일조차 허용되지 않는다는 것이 그 증거다. 그렇다면, 거미에겐 "거미줄이 있다"고 말하듯이, 도시인이란 아마도 '엘리베이터가 딸린' 벌레인 걸까? 어쨌거나 그러려면 집주인들이 미리 그 기계 장치를 설비했어야만 한다. 세입자 뒤에는 하나의 인공 보철이 존재한다. 그리고 그 보철 뒤에는 다시 소유주들과 그 관리 대리인들이 있다. 일은 그런 식으로 계속된다. 생명 없는 틀과 그것에 생명을 부여하는 자들은 하나의 전체다. 홀랑 벌거벗은 도시인 한 사람, 그런 건 흰개미집을 벗어난 흰개미 한 마리, 거미줄이 없는 거미 한 마리, 또는 그가 살던 숲을 파괴시키고 난 후의 인디언 한 명과 마찬가지로 존재하지 않는다. 흰개미 없는 흰개미집, 그건 그냥 진흙 더미일 뿐이다. 한때 우리가 한가하게 그 화려한 건물들 앞을 지나다녔던 호사스러운 동네들이 봉쇄 기간 동안에, 즉 그곳들에 활기를 불어넣는 거주자들이 없을 때 바로 그러하듯이.

도시인에게 도시가 그의 존재 방식과 명확히 분리되는 게 아니라면, 정말로 바깥인 어떤 것과 마주치기 전까지는 좀 더 멀리 나아갈 수 있다는 말이 되려나? 지난여름에는, 그레스앙베르코르 지역의 그랑베몽산 밑에 모인 우리에게 지질학자 친구 한 명이 그 웅장한 절벽의 꼭대기 전체가 산호들의 무덤임을, 다시 말해 서식자들이 오래전에 비우고 떠난 또 다른 거대 도시군임을 보여 줬었다. 남겨진 잔해들이 쌓이고, 눌리고, 묻히고, 다시 융기하고, 침식되고, 잠시 멎기를 거듭하면서 그렇듯 친구의 확대경 아래로 미세한 결정들로 이뤄진 흰 암석이 눈부시게 빛나는 그 아름다운 우르곤계urgonien 석회암을 발생시켰다는 것이다. 그 석회암들을 그는 '생퐁화적bioclastique'이라 일컬었는데, 이 말은 "모든 생명체들의 잔해로 이루어진"이라는 뜻이다. 그렇다면, 내가 도시의 흰개미집에서, 오, 그것은 얼마나 생퐁화적인가, 그 옛날 빙하가 무수한 생명체들의 무덤을 관통하며 재단해 낸 이 베르코르 지역의 계곡으로 이행하기까지, 어쩌면 단절이나 불연속은 존재하지 않는 것 아닐까? 그 사실에서 나는 약간 덜 소외된 느낌을 갖게 된다. 나는 게의 꼴을 한 채로 계속 점점 더 멀리 기어갈 수 있다. 내 방의 문은 더 이상 열쇠로 잠겨 있지 않다.

그랑베몽을 향해 오르는 사이 거대한 개미집들이 백 미터마다 나타나 이 장정에 구두점을 찍어 주며 내게 그것들도, 그러니까 그들 역시도 바쁜 도시 생활을 영위하고 있다는 사실을 상기시키는 만큼, 더욱 그렇다. 그레고르는 체절로 이루어진 제 몸이 돌로 형성된 자신의 프라하, 그러니까 그 결정화된 골재들 하나하나가 옛 시절 대양에서 서로 맞부딪히던 조가비들의 메아리를 간직한 프라하와 공명하는 이상, 틀림없이 덜 외로울 것이다. 그래서 자신들의 집 속에 갇힌 제 가족, 옛날식대로 철사로 대충 윤곽을 잡아 만든 듯 볼썽사나운 인간의 몸뚱이에 유폐된 그들을 더 이상 신경 쓰지 않고 내버려 둘 수 있을 정도로 말이다.

예전에 제 방에 있을 때면 그레고르는 가족들 틈에서 자신이 이방인과도 같은 존재라는 사실에 괴로워했다. 칸막이 벽과 자물쇠는 그 자신을 단단히 유폐하기에 충분했다. 그런데 일단 벌레로 변신하고 나니, 그는 벽을 드나드는 자passe-muraille*가 되어 있다. 이후로 그레고르는 자신의 방, 자신의 집, 이런 것들을 저 자신이 일부분 소화해서 뱉어 냈을, 그리하여 더 이상 자신의 움직임을 제한하지 않는 점토와 돌과 석고의 덩어리쯤으로 여긴다. 그는 이제 다른 이들의 조롱을 받는 일 없이 마음대로 나갈 수 있다. 프라하시, 그곳의 다리들, 교회들, 궁들이라고? 그것들은 그저 그만큼의 흙더미들, 약간 더

* 마르셀 에메Marcel Aymé(1902~1967)의 환상 단편 「벽을 드나드는 자*Le Passe-muraille*」(1941)의 주인공을 말한다. 그는 벽을 마음대로 통과할 수 있는 능력이 있다.

크고 또 더 오래되었으며 더 퇴적된 흙덩어리들, 그의 수많은 동포들의 아랫부리에서 배출되는 모든 가공적 제작물들일 뿐이다. 나는 도시에서 전원으로 가는 길에 그와 똑같이 가공적인, 그리고 더 크고 더 오래되었으며 무수히 많은 극미동물들이 벌이는 긴 요령과 수완의 작업에 의해 한층 더 퇴적된 여타의 흰개미집들, 석회산들을 다시 마주하게 되고, 아마도 그 사실이 내가 벌레-되기를 견딜 수 있도록 해 주리라. 격리된 자는 경이롭게 격리를 벗어나는 것이다. 그는 움직임의 크나큰 자유를 다시 발견하기 시작한다.

이 가느다란 도관을 따라가자, 이 극미한 직관을 계속 이어 가자, 이 기이한 지령指令에 집요하게 복종하자. 만약 내가 흰개미집에서 도시로, 다시 도시에서 산으로 옮겨 갈 수 있다면, 얼마 전까지 산은 그저 그 안에서 '가만히 자리만 잡고 있을' 뿐이라 여겼던, 바로 그 공간 자체로도 이행할 수 있는 것일까?

한 마리 개미에게 개미집을 짓는 노동이 제 주위에 기포를 만듦과 동시에 그 공간의 온도를 유지하고 공기를 정화하는 일이라면, 그것은 베로니카가 그랑베몽의 꼭대기를 향한 혹독한 등정 와중에 거친 숨을 내쉬며 호흡하는 것과 마찬가지 공정이다. 베로니카가 들이마시는 산소는 그녀에게서 나오는 게 아니다. 그녀가 안나푸르나산의 정복자들처럼 무거운 산소통을 등에 짊어진 건 아니니까 말이다. 베로니카가 아닌, 무수히 많은 숨은 존재들이 그녀에게 폐를 채울 내용물을 공짜로 — 지금으로서는 그렇다 — 제공한다. 태양으로부터 그녀를 보호하는 — 역시 지금으로서는 그렇다 — 오존층으로 말하면, 그것은 베로니카 머리 위에 일종의 돔을 형성하고 있으며, 이 돔은 역시나 눈에 보이지 않고, 역시나 무수히 많으며, 더 한층 오래된 행위자agent들의 작업 — 25억 년에 걸친 박테리아들의 작용 — 으로부터 솟아오른다. 이 사실에 의해, 베로니카가 호흡하며 뱉어 내는 이산화탄소는 그녀를 이방인이나 '끔찍한 벌레'로 만드는 대신 수억의 호흡자들 중 하나로 만들며, 그중 일부의 호흡자들은 너도밤나무 숲의 나무들을 형성하는 데 그들을 활용하고, 다시 그 나무들의 그늘 아래에서 베로니카가 숨을 돌린다. 이상의 과정이 걸어가는 이 여인을 어느 거대한 메트로폴리스 속의 보행자로 만든다. 베로니카는 어느 화창한 오후에 그 메트로폴리스를 답파한 것이다. 그녀는 바깥에, 시골 한복판에 있지만, 그러나 이처럼 거대도시군의 내부에 깃들어 있다. 베로니카는 그 거대도시군을 떠나면 이내 숨 막혀 죽고 말리라.

가공물artifice, 공학적 수완, 발명의 자유, 아니 발명의 의무. 그레고르가 제 악독한 부모와 다름없이 철사 실루엣으로 축소된 인간에 불과했던 시절에 그저 바람, 대기, 푸른 하늘이라고 여겼던 것들에서도 그와 같은 사항들을 재발견할 수 있다니, 이 깨달음은 얼마나 큰 충격인가. 그가 제 머리 위에 돔을 하나 가질 수 있으려면, 나가서 숨이 막히지 않으려면 — 다만 이제 그는 정말로 '나가 버리는' 건 아니다 — 하늘의 천막을 제자리에 유지시켜 줄 일꾼들, 극미동물들, 미세한 배치들, 노력들의 분산이 거듭 필요하다. 그저 챙 하나, 약간 안정적인 넓은 캐노피가 존재하기 위해서는, 게다가 그게 얼마 동안 보존되기 위해서는 또다시 길디긴, 어마어마하게 긴 가공물들의 역사가 필요하다. 내가 바퀴벌레 그레고르를 본받아 아주 신속히 행동 요령을 익히고 싶다면, 난 살아 있는 유기체들의 작업 및 벽감niche*이나 영역, 환경, 온도 조절용 기포 따위를 정교히 만듦으로써 제 주변의 존재 조건들을 전환하는 그것들의 능력이 기술적 장치들, 공장들, 격납고와 부두와 실험실 속에서 더 잘 포착될 수 있으리라는 사실을 인정해야만 한다.** 우리는 그것들을 통해 '자연'의 본성을 가장 잘 이해한다. 자연은 원래부터 '초록색'이지 않다. 자연은 원래부터 '유기적'이지 않다. 자연은, 시간을 그들의 것으로 남겨 둔다는 조건하에, 무엇보다도 먼저 가공물들과 가공자artificier들로 구성된다.

지질학이나 생물학 교재를 펴 보면, 살아 있는 유기체들이 '요행히' 몇십억 년 전부터 이 지상에서 스스로를 발전시킬 이상적 조건들, 가령 적합한 온도, 태양과의 적당한 거리, 좋은 물, 양질의 공기 등을 발견했다며 감동하는 듯해 기이하다. 신중한 학자들이라면 유기체들과 소위 그것들의 '환경' 사이에 존재하는 조화를 그토록 섭리적***으로 설명하는 이론을 조금 덜 열광적으로 받아들였으면 좋겠다. 반면, 아주 사소한 동물-되기일지라도 그와는 전혀 다른, 훨씬 더 땅 중심적인terre à terre 관점으로 이른다. 그것에 의하면 '환경'이라는 건 전혀 존재하지 않는다. 그건 마치 당신이 개미보고 그처럼 섭리적으로 따뜻하고, 쾌적하게 통풍이 되고, 그처럼 자주 쓰레기들이 치워지는 개미집에 있게 됐다니 넌 참 운이 좋다고 축하하는 것과 마찬가지다! 아마도 개미는 당신에게 다음과 같이 쏘아붙이리라, 만약 당신이 그에게 질문하는 법을 알았다면 말이다. 이 '환경'을 방출한 건 바로 저와 제 수많은 동족들이라고, 프라하시가 그곳에 사는 거주자들에게서 나오듯이 그들 자신에게서 그것이 비롯한다고. 당신이 결코 하나의 유기체와 그것을 둘러싸는 주변을 분리하는 경계선을 그을 수 없는 이상, 이 환경이라는 착상은 거의 의미가 없다. 정확한 의미에서, 아무것도 우리를 둘러싸지 않으며, 모든 것은 우리의 호흡에 함께 협력한다. 생명체들의 엄연한 역사가 우리에게 상기시키는 바는 그들의 발달에 이토록 '우호적인' 이 땅을, 그러니까 그것을 자신들의 의도에 — 하도 잘 숨겨져 있어 그들 스스로도 전

* 'niche(벽감壁龕, 알코브, 흔히는 개집)'는 조개껍질을 이르는 'nicchio'에서 파생한 어휘로, 장식품이나 침대 등을 들여 넣기 위한 오목한 벽면 공간을 가리킨다. 확장적, 학술적 의미에서 'niche écologique'는 '생태적 지위', 즉 하나의 유기체나 종 등이 생태계 내에서 차지하는 고유한 공간 또는 특정 지위를 말한다. 원문에서 라투르는 한정사 없이 줄곧 'niche'라고만 쓰고 있는데, 그러면 전문 학술어에 기대지 않고도 일상어 차원에서 직관적으로 그 의미(존재가 감싸여 담겨서 제 생명을 지속시키는 그것 고유의 집)를 연상시킬 수 있는 이점이 있다.

** 주지하다시피, 실험실과 그 물적 설비에 관련한 라투르의 민족지적 연구에서 그의 첫 저작이자(스티브 울거와의 공저, 1979) 현대 과학학 분야의 역작인 『실험실 생활: 과학적 사실의 구성*Laboratory Life: The Construction of Scientific Facts*』(이상원 옮김, 한울, 2019)이 나왔다.

*** providentiel. 즉 신의 섭리에 따른, (하늘이 도와) 천만다행인. 그와 대비되는 그 아래의 표현 'terre à terre'는 흔히 '(땅에 매여) 세속적이고 현실적인'의 뜻으로 쓰이지만, 이 글에서 라투르는 말 그대로 '땅에서 땅으로 이르는'의 뜻으로, 즉 땅의 중요성을 강조하려는 의도로 사용하고 있다.

혀 알지 못하는 그 의도에! — 유리하도록 만든 건 바로 생명체들 자신이라는 사실이다. 그들은 보지 못하는 채로 제 주위의 공간을 구부렸고, 스스로를 그 공간 안에 접히고, 묻히고, 말리고, 둥글게 감싸인 듯이 만들었다.

정말로 '바깥에' 있는 것이라는 문제에 접근하기 시작한 이상, 내가 어디에 있는지는 어쨌거나 이제 좀 더 분명하게 표시되는 셈이다. 어렸을 때 읽은 이야기에서 조난자들은 어떤 해변에 좌초하면(『신비의 섬*L'Île mystérieuse*』*의 사이러스 스미스Cyrus Smith처럼) 늘 허겁지겁 높은 꼭대기로 올라가 자신들이 대륙에 있는 것인지, 아니면 어떤 섬에 이른 것인지를 확인하곤 했다. 만약 섬이면 실망하고, 어쨌거나 그 해안이 자기들 눈앞에서 상당히 넓고 다양하게 확장되면 그래도 안도하면서 말이다. 우리도 그와 마찬가지다. 우리가 깨닫는 건 우리 자신이 격리되어 있되, 그건 분명하다, 그럼에도 어쨌거나 규모가 널찍하며 우리가 그 내부로부터 그것의 가장자리를 가늠할 수 있는 섬에, 또 어떻게 보면 투명하게 갇혀 있다는 사실이다. 마치 수정궁이나 온실의 한복판에 있는 것처럼. 또는 호수 깊은 곳에서 헤엄치던 사람이 고개를 들어 저 높이 하늘을 발견할 때처럼.

이 바깥과 관련해 내가 오래전부터 깨달은 사실은, 그리고 이 점이 가장 놀라운데, 우리에게는 결코 그것에 대한 직접적 경험이 없다는 것이다. 가장 대담한 우주비행사조차도 특별히 제작한 우주복 — 지면에 단단히 고정된 케이블 같은 것을 통해 그를 '캡 케네디Cap Kennedy'에 연결시켜 주는, 그리고 만약 그가 거기에서 분리된다면 이내 목숨을 잃게 될 그 작은 영역 — 에 면밀히 제 몸을 파묻지 않고서는 결코 우주 공간으로 나오는 화려한 외출을 재개하지 않는다. 이 광막한 외부에 대한 다수의 증언에 대해, 문턱 너머에 존재하는 그 모든 것에 대해 우리는 읽거나, 배우거나, 계산하지만, 단 언제나 우리의 실험실이나 망원경이나 연구소의 내부로부터 그렇게 하지 결코 그 바깥으로 나오지 않는다. 그게 아닐 경우는 상상력에, 혹은 좀 더 바람직하게 말해 영상화된 지식이나 학술적인 이미지들의 중개에 의지한다. 토성에서 바라본 우리 행성의 모습이 아무리 감동적이라 할지라도, 그 이미지는 2013년에 NASA의 한 사무실에서 픽셀 단위로 재구성된 것이다. 지구 행성을 멀리서 볼 수 있도록 해 주는 연결고리들을 누락한 채 그 이미지의 객관성을 찬양하는 것은 대상에 대해서나 확실하게 인지할 주체들의 능력에 대해서나 다 같이 착오를 저지르는 행위다.

방에서 도시로, 도시에서 산으로, 산에서 대기권으로, 줄곧 흰개미들이 제공하는 모델 — 그것들이 그 안쪽에서 길을 내는 좁은 관 — 을 따라 기어가는 중일 뿐 우리가 어디에 있는 것인지 아직 알지 못하지만, 그럼에도 난 다음번 탐지 작업을 떠날 때 길을 잃지 않도록 땅에 말뚝 하나를 박는 건 가능하다고 생각한다. 가장자리의 안쪽이라고. 여기야말로 우리가 그에 대한 경험을 보유한 세계, 그리고 제 수완과 대담함, 자유를 이용해 조화로운 앙상블ensemble**들을 건설할 수 있는 다종의

* 과학 소설의 선구자 쥘 베른Jules Verne(1828~1905)의 1874년 작품.

** 자율조절적인 총체.

동포들과 도처에서 조우하는 세계다. 이 동포들은 나름의 방식으로 그 앙상블들을 정비하며, 그 앙상블들은 다소 겹쳐진다. 이들이 발명해 낸 결과물은 늘 우리를 놀라게 하지만, 그럼에도 우리는 그것들과 우리의 발명물 사이에 무언가 가족처럼 닮은 점이 있다고 느낀다. 한편 가장자리 너머, 거긴 전혀 다른 세계다. 당연히 놀랍고, 그에 관해 우리는 영상화된 지식의 지원 외에는 아무런 직접적 경험을 가질 수 없는, 따라서 결코 친숙해질 수 없는 세계다. 외부, 즉 진정한 외부는 달이 회전하는 바로 그 지점에서 시작된다. 그러니까, 일리 있게도 네가 순수의 상징처럼 선망하며 관조했던 달, 앞으로 영원히 격리된 채로 살게 될 자들에게 낯설고, 과연 변질시킬 수 없고, 따라서 안도감을 주는 (왜 그런 것인지 이해가 된다) 저 달이 도는 자리에서 말이다.

나는 안과 바깥을 명확하게 구분하기 위해 적절한 명칭을 찾아본다. 그럼으로써 일종의 커다란 분할, 새로운 최상위 분류summa division를 행한다. 나는 이 안쪽을 **지구**Terre*라고, 그리고 너머를, 그러지 말란 법은 없으니, **우주**Univers라 부르자고 제안한다. 이 안쪽에 거주하는 자들, 아니 그보다 이편에 거주하는 걸 받아들이는 자들은 **지구생활자들**les terrestres**이라 칭

* 전편이라 할 『지구와 충돌하지 않고 착륙하는 방법』에서 이 명칭은 '대지'로 옮겨졌다. 그런데 이번 책에서는 그 역어를 그대로 채택할 경우 라투르 자신의 개념 규정 방식을 제대로 살릴 수 없다는 난점이 있었다. 가령, 이어지는 3장에서, 라투르는 소문자 t를 쓴 보통명사 'terre(=earth)'로는 흙으로 된 우리 '행성' 지구를, 대문자 T를 쓴 고유명사 'Terre(=Earth)'로는 우리의

(실은 한 번도 떠난 적 없는) '착륙지', 즉 우리 지구 생명의 특별하고 고유한 터전을 지칭함으로써 용어의 혼동을 피하고자 했음을 명시하고 있다(3장 끝에 인용된 소장 학자 세바스티엥 뒤트뢰유에게서 받은 착상으로도 보인다). 저자의 이 의도를 살리기 위해 이 책에서는 행성이자 보통명사로서 우리 별은 '지구'로 표기하고, 어머니-대지(즉 가이아), 보다 구체적으로 말해 "'임계영역' 안에서의 생물-화학적인 현상, 즉 지구를 지구답게 만드는 활동이 있는 공간과 물질"(박범순)은 '**지구**'로 옮겼다. 라투르는 용어의 정의를 한결같이 엄격히 분리하여 사용하지 않는 편이다(2장 이 대목까지 그는 굳이 이런 이분법을 적용하지 않으며, 책 후반부에서도 다소 그러하다). 무엇보다 그로부터, 예컨대 땅, 대지, 행성 등 'terre'라는 한 단어가 내포하는 여러 의미가 교차하고 충돌하는 가운데 그것들 간의 정치적이며 전투적인 운동, 리좀적 확장, 혼종적 생성이 초래된다. 역자로서는 '지구'와 '**지구**'라는, 동일한 명칭의 다른 의미들 사이에 형성되는 긴장과 충돌에서(아쉽게 둥근 구체의 형태가 반영되는 우리말 이름에서 역설적으로 더욱 그렇다) 그 같은 '번역' 효과('행위자-연결망'의 다른 이름은 '번역의 사회학'이다)를, (12장과 13장에서 중점적으로 다뤄지듯) 역량들 사이에 벌어지는 정치외교적 분투의 국면을, 요컨대 라투르 사유의 핵심 특질과 지향점까지도 감지될 수 있기를 바란다. 핵심은 이것이다. 이제 '지구'라는 이름에서 근대의 세계관과 이동 관념이 떠받치는 행성을 상기하지 말고 모두에게 고유하며 공동된 집, 마땅히 그 안에 머무르며 돌봐야 할 여기 이 땅을 떠올릴 것.

** 위 옮긴이 주에서 설명한 이유의 연장선상에서, 『지구와 충돌하지 않고 착륙하는 방법』이 '대지의', '대지인' 등으로 번역한 용어를 결코 '자연스럽지' 않은 명칭으로 대체했다. 행성 지구가 아닌 '**지구**'에서 생명을 영위하는 모든 존재자들(행위자들)을 이 책에서는 '지구생활을 하는', '지구생활자' 등으로 옮겼다. 라투르의 맥락에 비추어 볼 때 '인'은 너무 직접적으로 인간만을 연상시키기 때문에 채택할 수 없었다. 따라서 '지구생활자'의 '자' 자는 단순히 인간 행위자뿐만 아니라 비-인간 행위자들(동식물, 대기, 땅, 바다 등)까지 전부 아우르는 지칭으로, 즉 '者'가 아니라 ('미립자', '포자'라고 하듯이 너르게 '번식'의 뜻을 품는) '子' 자라고 이해해도 좋을 것이다. '지상(땅 위)'이라는 한결 익숙한 표현을 쓸 수도 있었으나 때로 라투르가 '지상에서 사는 것'과 '지구(가이아)와 함께 사는 것'을 대비시키기고 있어(가령 3장 결미) 제외했다. 또한 '생존' 또는 '존재'라고 옮길 수도 있었을 말을 '생활'(생명의 활동)이라고 옮김으로써, 지구 만물을 대하는 생기론적 관점을 좀 더 강조하고자 했다.

할 수 있을 것이다. 그리고 내가 불러 관계 맺고자 하는 건 바로 이들이다. 이 명칭들은 임시적으로, 이후 재점검한다는 조건하에 사용한다. 나는 아직 이와 같은 탐지의 첫 단계에 있을 뿐이다. 그럼에도 우린 이미, 비록 우리가 그것을 잘 모를지라도 **지구**는 아주 가까이서 경험되며, 반면 우주는 종종 우리에게 훨씬 더 잘 알려져 있음에도 우린 그에 대한 직접적 경험을 갖지 못한다는 사실을 감지한다. 우리, 지구생활자들로서는 이 국경, 그러니까 결코 넘을 수 없는 이 변경 요새 지대limes의 어느 편을 여행하려 하는지에 따라 달리 고안된 장비들을 착용할 마음의 준비를 하는 게 좋겠다. 말 그대로 그 요새가 없다면 우린 무엇이 생명체들로 하여금 땅을 살 만하게 만들도록 하는지 포착할 수 없으리라. 따라서 우리는 우리 자신의 삶이 불가능해지도록 만들게 되리라.

3.
'지구'는 고유명사다

지금 이 순간 우리의 삶을 불가능하게 만드는 것은 그레고르 잠자의 이야기에서 완벽하게 묘사된 바로 그 세대 간의 갈등이다. 어떤 의미에서 봉쇄령 이후로 우리는 각자의 가족 속에서 그 갈등을 경험하는 중이다.

카프카의 단편을 보면, 한편에는 철사로 만든 실루엣을 가진 부모가 있다. 뚱뚱한 아버지, 천식 환자 어머니, 어린애 같은 여동생, 이들에다 지긋지긋한 '지배인', 겁에 질린 두 명의 하녀들과 '뼈대 굵은' 파출부, 그리고 세 명의 성가신 하숙인들을 합해야 한다. 그 다른 편에는, 자신의 벌레-되기로써 우리의 벌레-되기를 앞서 예시하는, 우리의 그레고르가 있다. 그는 몸이 전보다 더 육중하고 무겁다. 그리고 적어도 처음에는 움직이는 걸 더 힘들어한다. 늘어난 발들이 그를 방해한다. 그의 딱딱한 등은 지면에 부딪히며 둔탁한 소리를 낸다. 하지만 그들에 비할 때 그는 훨씬 더 많은 것들에 스스로를 연결할 수 있다. 천장까지 기어오를 수 있다는 건 둘째 치더라도 말이다…. 그로부터 그레고르는 훨씬 더 수월해진 저 자신을 느낀다. 벽을 드나드는 자로서 편력하며 마주치는 모든 것들이 자신에게 벽감과 돔, 기포, 공기를, 요컨대 내부들을 상당히 자유롭게 만들어 낼 수 있는 능력이 있음을 일깨우기 때문이다. 그 내부들이 반드시 안락한 건 아니다. 그러나 그것들은 어김없이 그것들을 형성해 낸 자들 — 엔지니어, 도시계획자, 박테리아, 곰팡이, 숲, 농부, 대양, 산, 개미집 들 — 에 의해 선택된 것들이거나, 또는 그럴 수 없다면, 그들의 선임자들에 의해 준비된 것들이다. 게다가 전혀 애써 연구된 바도 없이 말이다. 반면 그레고르의 부모로 말하자면, 지나치게 크며 스스로 집세조차 물 수 없는 자신들의 아파트에 틀어박혀 갇힌 건 바로 그들이다. 그럴 수밖에. 그들이 가진 내부라고는 그들의 보기 흉한 육신의 상당히 제한적인 경계가 타인들의 시선 앞에 그려 보이는 바가 전부이기 때문이다. 이렇듯 그들은 격리된 채 머무르지만, 그레고르는 더 이상 그렇지 않다. 그가 진정한 외부, 다시 말해 바리케이드의 반대편에 도달한 게 아니므로, 그는 어쨌거나 제게 꽤 친숙한 한 세계의 안쪽에 여전히 머문다. 부모들에게 위협적인 외부는 길 쪽으로 난 문에서부터 시작된다. 반면 새로운 그레고르의 경우 내부성은 **지구**의 경계들까지 확장된다. 물론 이 경계는 아직까지는 가변적이기는 하다.

두 세대, 즉 격리가 일반화되기 이전의 세대와 그 이후의 세대는 자기 위치를 동일한 방식으로 한정하지 않는다. 그레고르가 "자기 부모와 말이 잘 통하지 않는다"라고 표현하는 건 일종의 완곡어법인즉, 부모들의 측정 방식과 그의 측정 방식 사이에는 정말로 공통의 척도가 전무하다. 즉, 그것들이 단순히 각기 다른 양으로 이르는 게 아니다. 서로 아무런 관계도 없는 건 바로 거리를 기록하는 그들의 방식이다. '인간관계'라는 문제에 집중한 20세기에 카프카의 이 단편이 '소통의 비극'의 전형적인 예로 간주됐다는 사실은 그리 놀랍지 않다. 아마도

20세기인들은 그레고르가 스스로를 측정하는 방식과 그의 부모가 그러는 방식 사이의 차이를 오판했을 것이다. 그리고 그레고르의 부모가 세계 안에 자신들의 위치를 찍는 방식, 다시 말해 하나의 지도로부터 출발하는 그 방식에는 말 그대로 납작 눌러 죽이는écrasant 무언가가 있다.

우리는 우주로부터 출발해서 은하수를 건너고, 태양계를 거쳐 다양한 행성들에 도착하고, 이어 땅 위를 선회한 뒤 구글 어스로 체코까지 미끄러지며, 그런 다음 프라하 위로 와서 특정 동네로, 길로, 그리고 곧 을씨년스러운 병원 맞은편의 구시대적인 건물 앞에 당도한다. 아마도 이 한 바퀴 개괄의 끝에서 — 특히 거기에다 토지 대장과 우체국, 경찰, 은행 등의 그리고 오늘날이라면 '사회망'까지 포함하는 데이터들까지 첨부하고 나면 — 부모 잠자의 위치 측정은 완성될 것이다. 이 거대한 것들에 비교하여, 가련한 그레고르의 부모는 아무것도 아닌 것으로, 하나의 점으로, 점보다도 작은 것으로, 스크린 위에서 깜박이는 픽셀 하나로 축소된다. 단순히 위도와 경도로 위치 표시한 자들의 제거 작업을 마침내 종료termine한다는 의미에서, 그것은 최종의 위치 측정localisation finale이다. 픽셀은 이웃도, 선임자도, 계승자도 갖지 않는다. 그것은 말 그대로 이해할 수 없는 게 되어 있으며, 그런 뜻에서 퍽 이상한 자기 위치 표시 방식이라 하겠다.

벌레가 된, 따라서 땅의 존재가 된 그레고르는 부모와 전혀 다른 방식으로 제 위치를 표시한다. 그는 스스로 소화해서 제 고랑 속에 남겨 둔 사물들에 걸맞은 차원에 있으며, 그가 이동할 때는, 처음에는 약간 서툴렀지만, 그 움직임은 항상 점차 de proche en proche*로서의 이동이다. 그 결과, 저 멀리 높은 곳에서부터 그의 위치를 점찍어 밟아 죽일 수 있는 것은 아무것도 없다. 아버지 잠자가 치켜든 지팡이에도 불구하고, 그 어떤 힘도 그를 납작하게 만들거나 픽셀 한 개로 축소할 수 없다. 그레고르의 부모에게 그는 보이지 않으며 그의 말은 이해할 수 없다. 결국 그것이 그를 제거해야 하는 이유다("그것이 죽었어요"라고, '뼈대 굵은' 파출부는 심술궂은 기쁨에 겨워 알린다). 반면 그레고르가 보기에 짓눌리고 말하기를 거부하며 사라지는 건, 즉 옛날식으로 위치를 매겨 보자면 그들의 식당 안에 비좁게 틀어박히고, 그들의 육신으로 축소되고, 자신들의 그 협소한 에고le moi에 갇혀서 그레고르가 더 이상 듣고 싶지 않은 이상한 언어를 우물거리며 사라지는 건 그의 부모다. 그레고르의 도주선은 바로 이 지점에 있다.

그레고르의 움직임을 따라가 보면 우리 자신이 가치를 완전히 다른 방식으로 배치하고 있다는 사실이 이내 깨달아진다. 우리는, 말 그대로, 더 이상 같은 세계 안에 살고 있지 않다. 그들, 즉 격리 이전의 사람들은 실로 별것도 아닌 자신들의 에고에서부터 시작하고, 이어 그것에 그들이 '인공적'이라고, 또는 '비인간적'이라고까지 일컫는 물질적인 틀 — 프라하, 공장들, 기계들, 또는 '근대적인 삶' — 을 첨가한다. 그러고 나서 세 번째로, 약간 더 멀리 나가서, 거기다 다시 온갖 활기 없는 것들choses inertes을 뒤죽박죽 쌓는데, 이 잡동사니들은 끝도 없이 확장되며, 그래서 그들은 그걸로 더 이상 뭘 해야 할지조차 모른다.

그러나 우리는 우리의 문제를 전혀 다르게 배치한다. 우리는 우리에게 '활기 없는 것들'과 마주치는 경험이 없으며, 앞으로도 결코 없을 것이며, 이제껏 실은 아무도 그런 경험을 한 적이 없다는 사실을 깨닫기 시작한다. 그와 같은 경험은 앞선 세대들에게는 소위 너무나 당연하던 것인데, 우리 세대는 더 이상 그것을 공유할 수 없다는 시련을, 그것도 삽시간에 겪어야 했다. 우리가 마주치는 모든 것, 산, 광물, 우리가 들여 마시는 공기, 우리 몸을 담그는 강, 채소를 심는 가루 형태의 배양토, 우리가 길들이려 노력하는 각종 바이러스, 버섯을 따러 가곤 하는 숲, 이 모든 것이, 하다못해 푸른 하늘마저도, 결과이자 생산물, 그렇다, 이 말을 분명히 해야 하는데, 도시 생활자나 시골 생활자 다 같이 그에 대해 가족 같은 유사함을 지닌 행위역량들puissances d'agir**의 가공물인 것이다.

지구 위에 그야말로 정확하게 '자연적naturel'인 건 아무것도 없다. 우리가 그 말로 일찍이 그 어떤 생명체에 의해서도 건드려진 적 없는 상태를 지칭하려 한다면 그렇다. 모든 건 어떤 의미에서 제가 원하는 바를 알고 있는, 혹은 여하한 경우에든 저마다 제게 고유한 목표를 겨냥하는 행위역량들에 의해 들어

* '단계적으로', '차차'라는 의미의 관용구. 'proche'는 '가까움'과 '인접성' 또는 비유적으로 '유사함'을 의미한다.

** (들뢰즈, 또는 무엇보다도 스피노자 철학의 맥락하에) 통상 '작용역량'이라 옮길 수 있을 어휘를 라투르 사유의 변별력과 개성을 강조하고자 '행위역량'이라 번역했다.

올려지고, 배열되고, 상상되고, 유지되고, 발명되고, 뒤얽힌다. 아마도 '활기 없는 것들', 즉 아무런 목표도 의지도 없이 녹아내리는 형태들은 아주 많을 것이다. 그러나 그것들을 발견하려면 반대편으로, 가령 저 높이 달을 향해, 저 아래 지구의 중심을 향해, 변경 요새 지대의 너머로, 그리고 우리가 알 수는 있으되 결코 그에 대한 육체적인 경험을 갖지는 못할 저 우주로 가야 한다. 더구나 우주에서 관건이 되는 건 제 외부에 존재하는 법칙들에 따라 조금씩 붕괴되어 가는 사물들이며, 따라서 그 붕괴는 거의 소수점 열 자리까지 계산이 가능한 이상, 우린 이 우주란 대상을 알고 있는 것이다. 반면 **지구**를 들어서 받치는 행위자들의 경우, 우리는 늘 그것들을 계산하는 데 약간씩 애를 먹는다. 그도 그럴 것이, 이것들은 제 외부에 있을지도 모를 어떤 법칙에 복종하는 게 아니라 다른 것들이 강하시키기만 하는 사면을 고집스럽게 다시 올리기만 하기 때문이다. 그것들은 항상 엔트로피의 역방향으로 노를 젓는 만큼 언제나 예측할 수 없는 놀라움으로 다가온다. 결국은 이 대목에서 "달-아래Infra-lunaire"와 "달-위Supra-lunaire"라는 말을 쓸 수 있고, 이는 이 같은 큰 분할의 노선을 표시하기에 그리 나쁘지 않은 용어들이다.

네 부모 세대는 사방에서 죽음을 보며 그 후손 세대는 사방에서 '생명vie'을 본다고 말할 수 있으면 편할 텐데. 하지만, 두 진영에서 이 용어는 같은 의미를 지니지 않는다. 스스로를 활기 없는 것들의 한복판에서 유일하게 의식을 지닌 존재라고 여기는 이들은 자신들과 자신들이 기르는 고양이, 개, 제라늄,

그리고 어쩌면 단편의 말미에 그레고르를 쓰레기통에 버리고 나서 산책하러 들르는 공원까지만을 살아 있는 걸로 친다. 그런데 변신을 겪고 난 네게 '살아 있는'이란 단지 흰개미들뿐만 아니라 개미집에도 역시 해당하는 말이다. 흰개미들이 없다면 그 진흙 더미 전체는 그처럼 어떤 풍경 속에 하나의 산처럼 배치되고 세워지지 못했으리라는 의미에서 그러하다(더구나 그건 해당 산이나 풍경에 대해서도 마찬가지다…). 또 역으로, 흰개미들은 그들의 존속 문제에서 도시인들의 도시와 다름없는 역할을 하는 흰개미집 밖에서는 한순간도 살 수 없으리라는 점에서 그러하다.

내게 필요한 건 **지구**에서 "모든 건 살아 있다.Tout est vivant."라는 사실을 표현해 줄 용어다. 이 말로써 흰개미들의 분주한 몸뿐만 아니라 흰개미집의 경직된 몸도, 카를교에 들어찬 무리뿐만 아니라 카를교까지도, 여우뿐만 아니라 여우의 가죽까지도, 비버뿐만 아니라 비버의 댐까지도, 박테리아와 식물뿐만 아니라 그것들이 발산하는 산소까지도 아울러 의미한다는 점에서 말이다. 생풍화적이라고 할까? 아니면 생발생적biogénique*? 뭐가 됐든, 가공적 특성을 나타내는 용어면 된다. 이때 가공적이라는 말은 통상적인 뜻과 약간 달리, 그 안에 항상 발명과 자유가 관여되며 그래서 그 사실로부터 매 순간

* 분해 작용의 맥락에서 형용사 'biogène'('생명을 발생시키고 그것의 유지, 전개를 허용하는', '생리 작용 내지 부식에서 결과하는')을 염두에 둔 조어로 보인다.

놀라움이 초래된다는 의미다. 또 그와 동시에, 흰개미집, 카를교, 털가죽, 댐, 그리고 산소가 그것들을 산출하는 자들보다 약간 더 오래 지속되도록 만드는 퇴적 작용도 놓치지 않는 용어면 된다. 다만 여기에는 다른 행위역량, 즉 흰개미, 건설자, 여우, 비버 또는 박테리아가 그것들의 활력élan을 유지시킨다는 조건이 붙는다. 우리보다 앞선 세대의 기이한 습관과 반대로 우리 지구생활자들은 '살아 있는vivant'이라는 형용사로 두 개의 목록을, 즉 흰개미에서 시작하는 하나와 흰개미집에서 시작하는 나머지 하나를 지칭하되 그 둘을 결코 분리하지 않는 용법을 배웠으며, 이건 다른 민족들은 결코 잊은 적이 없는 용법이기도 하다.

우리는 '세대 간 갈등'이 인류의 소통 불가능성에 대한 근대적 증거 그 이상의 것을 제공한다고 이해한다. 나는 더 나아가 그것이 발생genèse의 갈등, 한마디로 생성engendrement의 갈등과 관계된다고 말하고 싶다. 지구생활자들이 자신들이 마주치는 모든 이들에게서 어떤 '가족 같은 유사성air de famille'을 발견하게 되는 게 결국 공연한 일은 아니기 때문이다. 그건 그들 모두가 생성의 염려soucis d'engendrement라 부를 수 있을 것을 과거에 가졌으며 또 지금도 가지고 있기 때문에 생긴 일이다. 더구나 바퀴벌레가 되고 난 후 그레고르가 느낀, 그리고 우리의 마음을 움직이는 그의 첫 번째 불안 또한 그것인즉, 그를 가장 고통스럽게 만든 점은 더 이상 어떻게 제 가족의 생활비를 보조해야 할지 모르겠다는 사실인 것이다!

나는 이런 현상이 베르코르 지역의 혹독한 겨울을 버텨

내려 하는 고사리나 독일가문비나무, 너도밤나무, 지의류에서도 다를 바 없음을 막 깨닫는다. 후에 그랑베몽의 온갖 절경 — 그것의 깎아지른 듯한 절벽은 그 유명한 에규산을 굽어본다 — 을 형성하는 우르곤계 석회암으로 변화한 산호초의 경우도 마찬가지다. 이들은 모두, 저 자신을 제 생 속에 유지시킬 수 있어야 한다는 아주 단순한 의미에서, **존속**subsistance의 문제들과 상관된다. 이리하여 나는 프라하시의 도시공학자들이 그 도시의 보배인 카를교를 유지하기 위해 규칙적으로 점검을 하거나 다양한 보수 작업을 실시하면서 각별한 주의를 기울이는 것 또한 그 때문임을 알아차린다. 또 그와 동일한 종류의 염려가 바티스트 모리조*로 하여금 베르코르 지역 야생동물보호협회 관할 보호지 주변의 늑대와 양 떼들, 그리고 암양을 기르는 축산업자들, 사냥꾼들과 유기농업인들을 만나도록 이끌었음도. 우리가 격리 생활에 들어가도록 원인을 제공한 저 떠들썩한 바이러스마저도, 스스로 좀 더 오래 존속하고 입에서 입을 거치며 좀 더 멀리 퍼져 나가고자 섬세한 발명들 속에 끊임없이 저를 재조합해 나가는 것임에랴. **지구**란 무엇인가, 우린 그것이 존속과 생성의 염려를 지닌 모든 자들의 연결, 연합, 중첩, 결합이라고 말할 수 있다. 그레테가 자신의 소중한 오빠-벌레를 두고 잔인하게 "어떻게 해야 저걸 없애지?"라고 혼잣말할 때 잠자 가족이 어느 정도 단순화해 버리고 만 문제가 그

* Baptiste Morizot(1983~). 프랑스의 철학자. 생태학을 기반으로 한 여러 연구와 에세이로 주목받고 있다.

것이리라….

이렇게 해서 난 생성의 염려를 지닌 자들의 리스트를 훨씬 더 멀리, 특히 훨씬 더 길게 추적하기로 한다면 이러한 세대 간 갈등을 훨씬 더 깊이 탐사할 수 있으리라는 점을 깨닫는다. 실제로, 이들 행위자들이 그들 사이에 늘 가족 같은 유사성이 존재한다는 인상을 풍기게 된 건 전혀 우연이 아니다. 이는 각각의 존재자들이 점차 하나의 발명에 상응해 가기 때문인데, 이걸 일러 전문가들은 선조 및 계승자 사이에 상관을 이루는 '분기embranchement'라고 한다. 또는 일종의 족보généalogie와도 같은 어떤 것을, 역시나 늘 점차로, 구성하도록 해 주는 작은 차이라고 말하기도 한다. 이 계보는 종종 덤불 형태를 이루거나 때로 공백을 보이는 가운데, 우리 각자로 하여금 흔히 말하듯 우리의 기원을 향해, 마치 강을 거스르고 하천을 거슬러 마침내 제가 태어난 물구멍으로 돌아가는 한 마리 연어처럼 거슬러 오르도록 허용한다.

도시인들은 자신들의 가계도를 세우는 법을 배웠다. 도시계획가들은 자기들이 사는 도시의 진화 — 이건 이들이 종종 쓰는 용어다 — 를 당신들에게 가옥들의 집단 단위별로 설명해 줄 수 있다. 들판으로 나가면, 가령 생타냥의 근방에만 가도, 마찬가지로 지질학자들은 베르코르 지역 퇴적물들의 역사 — 이 역시 자주 사용되는 말이다 — 를 알려줄 수 있다. 만약 당신들이 거기서 운 좋게 식물학자와 함께 산책하게 된다면, 그이 또한 그랑베뭉 발치의 '전면적 생태보호지역'을 향기롭게 하는 이 산속 식물들의 사회학을 위해 동일한 일을 할 것이다. 그리고 만약 안크리스틴 테일로르*가 와서 당신들과 함께한 경우, 이번에는 그녀가 저 경이로운 아추아르achuar 부족들의 정원에서 일어나는 교차 발생에 관해 이야기를 들려주리라. 이 산책에 세균학자까지 추가된다면 역사 이야기는 한층 더 혼미하고 오랜 것, 더 복잡한 덤불이 될 것이다. 린 마굴리스**의 독자인 그는 당신들을 원생생물과 고세균 쪽으로 이끌며 그것들 간에 일어나는 결합의 쾌거에 대해 가르쳐 주려 할 테니까. 당신들은 그 이야기의 끈을 놓친다 해도 바시외앙베르코르에 있는 매우 훌륭한 선사박물관을 방문함으로써(레지스탕스 박물관 바로 아래다) 언제든 더 최근의 시대로 돌아올 수 있다. 그 박물관은 다른 연결 끈들을 통해 부싯돌의 역사와 꽃가루의 역사, 그리고 선사시대의 유럽 전역에 전파된 그 멋진 날 달린 부싯돌을 제작한 이들의 역사를 다시 잇도록 해 줄 것이다. 당신들은 이 발생들의 각 단계마다 놀라움을 금치 못하겠지만, 그러면서도 그 모든 것의 관건은 문제들을 해결하는

* Anne-Christine Taylor(1946~). 프랑스 인류학자. 남편 필리프 데스콜라와 함께 아마존 인디언 문명 연구의 권위자다. 이들에 의하면 아마존 열대우림에 사는 아추아르족은 자신들 정원 속의 동식물과 자연을 마치 인간처럼 다룬다.

** Lynn Margulis(1938~2011). 미생물학자, 지구과학자. 미토콘드리아의 기원 연구 등 세포생물학, 미생물진화학, 지구시스템이론 분야에서 중요한 업적을 남겼다. 1999년 국가과학훈장을 수상했으며, 국내에는 아들 도리언 세이건과의 공저 『생명이란 무엇인가*What is life?*』(1995), (김영 옮김, 리수, 2016), 『공생자 행성: 린 마굴리스가 들려주는 공생 진화의 비밀*Symbiotic Planet: A New Look at Evolution*』(1999), (이한음 옮김, 사이언스북스, 2007) 등이 소개되었다.

데 있고 또 어쨌거나 그 문제들은 당신들에게도 친숙한 것들이라는 점만은 결코 놓칠 수 없으리라. 맞다, 격리되긴 했지만, 그 격리된 장소는 당신들의 집이다….

차츰 우리는 '**지구**'라는 말이 별다를 것 없는 여러 행성 중 하나를 이르는 게 아니라 — 이전의 위치 측정 방식에 기반해, 마치 그것이 무수한 천체에 공통된 이름이기라도 한 것처럼 말이다 — 결코 하나의 전체 속에 규합된 적은 없으되 하나의 공통된 기원에서 나와 사방으로 확장되고, 퍼지고, 섞이고, 중첩되는 과정을 거치며 전면적으로 변형되었고, 계속되는 자신들의 발명에 힘입어 끊임없이 제 최초의 조건들을 수선해 냈기에 마침내 가족 같은 유사성을 지니게 된 전 존재자들을 집결하는 고유명사임을 깨닫는다. 각각의 지구생활자들은 제 선조들에게서 현재 자신이 누리는 거주적합성의 조건들 — 잠자 가족에게는 프라하, 개미에게는 개미집, 나무들에게는 숲, 해초들에게는 바다, 아추아르족에게는 그들의 정원 — 을 창조해 낸 이들의 모습을 알아본다. 그리고 제 후손들에 대한 염려를 제가 행해야 할 임무로 예상한다. '사방으로', 이 말은 지구생활자들이 자신들의 독특한 경험을 퍼뜨리고 나눌 수 있는 만큼까지 멀리aussi loin라는 뜻이지 그보다 더라는 의미는 아니다pas plus.

'**지구**'는 따라서 행위자들 — 생물학자들이 '살아 있는 유기체organisms vivantes'라고 부르는 것 — 뿐만 아니라 그것들의 행위의 효과, 이를테면 그것들의 벽감이나 지나가면서 남긴 모든 흔적들, 신체 내부의 골조뿐만 아니라 그 외부의 골조, 흰개미뿐만 아니라 흰개미집까지도 포함하는 어휘다. 세바스티엥 뒤트뢰유*는 '**생명**Vie'이라는 단어를 대문자로 표기해 살아 있는 것들과 그것들이 흐르는 시간 속에 변형시킨 모든 것, 바다, 산, 땅과 대기를 단 하나의 계통으로 아우를 것을 제안한다. 소문자로 표기한 생명 'vie'는 우리가 우주 도처에서 발견할 수 있기를 희망하는 보통명사라면, 대문자로 표기한 **생명** 'Vie'는 이 **지구**와 **지구**의 그토록 특정적인 배열조합agencement을 지칭하게 되리라는 것이다. 하지만 그럴 경우 '살아 있는'이라는 말이 유기체라는 말에 연결되어 있는 만큼, 자칫 새로운 오해가 생길 수도 있으리라. 다행스럽게도, 소문자 t를 쓴 보통명사, 흙으로 된 행성planète terre과 대문자 T를 써 고유명사로 표기하는 **지구**Terre를 혼동하는 일을 피할 수 있게끔, 내 소매 안에는 기술적이며 학술적인, 그리고 종종 그러듯 그리스어에서 빌려 온 이름이 하나 들어 있다. 가이아Gaïa가 바로 그것으로, 이는 좋건 나쁘건, 함의하는 바가 특히 풍성한 신화 속 인물의 이름이기도 하다.** 그러니 이제는 지구생활자들이 보통명사

* Sébastien Dutreuil. 생화학과 지구과학, 과학철학을 아우르는 프랑스의 신예 학자.

** 그리스 신화에서 대지의 여신. 지표면에서 생활하는 존재들(생물권뿐만 아니라 그것의 역동적 연장체로서 대기권, 대양, 토양까지 포함)을 중심으로 하는 거대한 자동조절 시스템이자 살아 있는 초생명체로 지구를 구상하는 '가이아 가설'은 영국 과학자 제임스 러브록James Lovelock(1919~)에 의해 처음 객관적으로 제시되었다(175~176쪽의 옮긴이 주 참조). 구성주의, 사이버네틱스 이론, 생태학 등과 공명하는 이 가설의 목적은 단순히 고대 전-과학적 차원의 땅 숭배를 답습하는 데에 있지 않다. 오늘날에는 특히 지구시스템이론 내지 지구생리학Geophysiology의 관점에서 지구의 특별한 속성을 논하는 연구에 접목되고 있다.

지구 위에sur la terre 있다고 하지 말고, 고유명사 **지구** 또는 가이아와 함께avec Terre ou GaÏa 있다고 말하자.

4.
'지구'는 여성명사, '우주'는 남성명사다

놀라움이 가시고 지구생활자들이 결코 어떤 미분화된indifférencié 공간 속을 사방으로 '자유롭게' 이동하는 게 아니라 점차 이 공간을 건설하는 것이라는 사실을 깨달으면서부터, 나는 나 자신을 다른 많은 지구생활자들 중 한 명의 지구생활자로 자리매김하기 시작한다. 흥미롭게도, 우리에게 마침내 '자유롭게' 움직일 자유를 주는 건 우리 자신이 격리되었다는 바로 그 느낌이다. 흰개미-되기는 이런 사실을 확인케 한다. 우리의 타액과 점토를 써서 몇 밀리미터라도 더 안전하게 기어갈 수 있게 해 줄 작은 터널을 스스로 건설하지 않는다면, 우린 단 일 분도 살아남지 못한다. 터널이 없으면 움직임도 없다. 지난날의 자유는 상실했지만 그럼으로써 우리는 다른 자유를 다시 얻었다. 그레고르는 자신의 집에 틀어박힌 부모처럼 되는 대신, 마침내 정말로 제 몸을 이동하는 법을 알게 된다. 하나의 도관을 설치하는 것으로 매번 이동의 값을 치러야 한다는 의무가 나를 그 도관만큼 해방시킨다. 파행爬行을 통해서, 그에 필요한 값을 치른다는 조건하에, 난 내가 있는 곳을 약간 더 길게 탐사할 수 있게 될 것이다.

최우선적인 일은 내가 어디까지 갈 수 있는지, 그리고 내가 두고두고 격리 상태로 머물 채비가 된 그 새로운 공간의 경계들이 어떻게 되는지 아는 것이다. 각종 탐사 덕분에 짐작하게 된 바에 의하면, 지구생활자들은 꽤나 금방 자신들의 임계를 발견할 것으로 보인다. **위를 향해** 2~3킬로미터 남짓 올라가거나 — 정확한 거리에 대해서는 아직 의견이 분분하다 — 또는 아래를 향해 2~3킬로미터를 내려가(이 수치는 한층 더 모호하다), 지구화학자들이 "어머니 바위roches mères"*라는 멋진 이름으로 부르는 존재가 어떤 뿌리나 물줄기에 의해 부서지거나 세균에 의해 파손된 적이 한 번도 없는 지점에 이르면서 말이다. 후자는 아마도 아래쪽의 임계일 것이고, 그보다 더 밑에서는 우주가, 행성의 깊디깊은 내부에서부터 시작되리라. 적어도 이것이 내가 이 새로운 공간을 그려 내고자 애쓰는 알렉상드라 아렌**을 따라 지구물리학연구소Institute de Physique du Globe de Paris의 복도에서 어정거리면서 배운 내용이다. 자, 이런 사실부터 이미 우리에게, 그러니까 결정적으로 격리되어 있는confinés 우리에게, 우리의 **끝 경계**confins에 대한 상당히 정확한 개념을 제공하는 것이다. 지구생활자들은 이동할 수 있지만, 그러나 **지구** 또는 가이아라 명명된 생명체들의 보褓, 생물막biofilm, 흐름, 유입, 밀물이 후대를 위해 어느 정도 지속 가능한 거주적합성의 조건들을 창조해 낼 수 있었던 딱 그만큼의 거리까지만 그럴 수 있을 뿐이다. 그 간석지를 넘어서서는 1미터도 더 나아갈 수 없다.

이 같은 한계를 누리는 법을 배워야만 한다고 하는 건 우리가 스스로 적합한 장비를 지니고 누빌 수 있는 몇 킬로미터 두께의 얇은 생존층couche d'existence과, 우주의 끝까지 가는 것이든 땅속 중심까지 내려가는 것이든, 영상화된 지식의 중

개로밖에는 결코 갈 수 없을 곳을 더 이상은 혼동하지 않았으면 하는 바람이 있기 때문이다. 바퀴벌레 혹은 풍뎅이가 된 그레고르가 제 소파 밑에 납작 엎드려 숨는 것과 마찬가지로, 지구생활자들은 자신들이 스스로 우주라는 이름을 붙인 외부, 예전에 학교에서 지도의 축척과 비교하며 배운 '직교좌표계les coordonnées cartésiennes'***의 격자 덕분에 각 자리의 위치를 확실히 측정해 가며 아무런 제약 없이 여행할 수 있을 거라 막연히 믿고 상상했던 그 외부에 비할 때 참으로 작기 이를 데 없는 이 층의 한복판에 은신해야 한다는 사실을 깨닫는다.

제롬 가야르데****는 내게 이 층, 생물막, 말하자면 니스칠 같은 막을 가리키기 위해 임계영역zone critique이라는 표현을 사용하는 법을 가르쳐 줬다. 상당히 잘 찾아낸 표현이다. 그도 그럴 것이, 이 지대의 압력과 취약성, 가장자리, 계면 등을 이해하는 일은 실제로 위급한critique 문제이기 때문이다. 이 형용사의 의미를 수정하지 않을 수 없게 할 정도로 말이다. 내가 젊었을 때 앞 세대들은 자신의 거리를 지키면서 의심하는 법을 배우는 능력을 "비판 정신esprit critique"이라는 말로 일컬었

* 우리말 용어는 '기반암'.

** Alexandra Arènes. 프랑스 건축가. 임계영역CZ에서의 가이아-그래피를 바탕으로 한 연구와 작업을 시도하고 있다. 브뤼노 라투르가 이끄는 〈우 아테리르〉 컨소시엄의 일원이기도 하다.

*** 임의 차원의 유클리드 공간을 나타내는 좌표계. 직각으로 만나는 x, y, z 등의 축과 기준점을 이용하여 위치를 표현하며, 이 개념을 처음 고안한 데카르트의 이름을 따 데카르트 좌표계라고도 불린다.

**** Jérôme Gaillardet. 지구과학자. 파리 지구물리학연구소의 교수.

다. 반면 임계영역 안에서 산다는 건 이후에 올 생명 형태들의 거주적합성을 위기에 빠뜨리지 않으면서 조금 더 오래 지속하는 법을 배우는 일이다. 'critique'란 말은 이제 단지 어떤 주관적이며 지적인 자질만을 지칭하지 않는다. 그것은 위태로우며 무서울 정도로 객관적인 상황을 가리켜 보이며 그 위태로운 근접성proximité critique을 증명하기도 한다.

여기서 문제가 되는 건 단지 공간만이 아니라 관계들의 일관성이기도 하다. 마치 우리가 사는 세계가 다른 걸로 바뀌었고, 예전과 같은 방식으로 공명하는 게 아무것도 없는 듯하다. 봉쇄에서 풀려난 사람들에게 그레고르와 똑같은 변신을 겪은 듯한 느낌을 주는 것도 그 점이다. 극단적으로 볼 때 우린 더 이상 예전의 '인류'와 똑같지 않고, 그 점이 우리를 이토록 불편하게 만든다. 우리가 우리 자신을 반쯤 질식시키는 이 마스크를 놓고 투덜거릴 때 특히 그렇다.

봉쇄 기간 동안 우리는, 적어도 우리 중 제일 특권을 지닌 이들은, 비록 집 밖으로 나가거나 규정된 거리보다 더 걷는 일이 허용되지 않았다 할지라도 각종 '소통 수단'의 중개에 힘입어 영화나 줌, 스카이프, 그리고 넷플릭스 속의 다른 세계에 접근하는 경험을 할 수 있었다. 우리는 다음의 두 가지 사이에서 강력한 대비를 느낄 수 있었던즉, 한편에는 우리가 만지고 측정하고 냄새 맡을 수 있는 벽, 가구, 방, 침대, 고양이, 어린아이들이 존재하고, 다른 한편에는 이야기와 강의, 온라인 쇼핑, 그리고 채팅과 같이 다른 세계에서 오지만 우리로서는 만질 수도, 느낄 수도, 안을 수도 없는 것들이 있다. 이 예시를 참고하면 지구생활자들이 자신들의 임계영역으로부터 갖는 경험과 그들이 우주에 대해 가질 수 있는 간접적인 이해 사이에 존재하는 차이 또한 그와 흡사함을, 그 전체적인 차이를 고려하는 가운데 짐작할 수 있으리라 여겨진다.

당연히, 우주에 대한 간접적 이해에 접근하기 위해서는 성능 좋은 와이파이를 사용할 수 있는 정도로는 충분하지 않다. 크고 작은 능력을 부여받은 학자들의 방대한 커뮤니티에 의해, 그리고 시간의 흐름과 더불어 고안된 각종 기구, 픽업capteur, 감지장치, 발굴조사, 탐사, 인공위성이 제공하는 다량의 이미지, 기록, 궤적, 데이터에 접근할 수 있어야만 한다. 그런데 이렇게 해서 얻어진 일련의 데이터가 그처럼 펄쩍 뛰게 놀랍다 해도, 그것을 판독하기 위해 필요한 상상력이 그리 걸출하다 해도, 또 각각의 데이터를 서로 연관 지을 온갖 계산이 그토록 정확하다 해도, 어쨌든 위에 언급된 학자들은 그 데이터들로 반짝이는 스크린을 응시하는 장소인 자신들의 연구실을 1센티미터도 벗어나서는 안 되는 것이다. 그들은 모두, 봉쇄가 일반화시킨 표현 하나를 쓰자면, 재택근무télétravail를 한다. 다시 말해 자신들이 언급하는 대상과 멀리 떨어져서 일한다. 그들은 그것들에 가능한 한 가장 객관적으로 접근하지만 스스로는 결코 다른 곳으로 자리를 옮기지 않는다. 게다가, 자신의 스크린 검토를 멈춘다면, 그들은 자칫 영상화된 지식에서 상상력으로, 곧이어 공상적인 것으로, 어쩌면 꿈으로까지 넘어가 버리고 말 수도 있으리라. 그들은 확실하게 알기 위해 그처럼 멀리 가되, 단 꼼짝 않고 자신들의 데이터에 고정되어 있어야만 한다. 말 그대로 자신들의 계산에 코를 파묻고서 말이다. 따라서 그들이 보고 있는 바는 결코 '어디에도' 속해 있지 않다. 학문들의 사회학이 지니는 이 같은 포인트는 매일같이 바이러스에 관한 앎이 그리는 갈지자 진보를 따라가면서 이미 모든 이가 깨달은 바다. 의심의 여지없이, 객관적인 앎의 느리고 고통스러운 생산은 세계에 덧붙여지지 결코 세계의 위쪽을 날아다니지 않는다.

봉쇄의 이 같은 교훈을 잊지 않는 것이 핵심이라면, 그리고 우리가 '집안일'과 정보통신을 이용한 재택근무를 혼동하기 시작하는 게 퍽 위험스러운 현상이라면, 그 이유는 **지구**에 있는 존재들의 작동이 변경 요새 지대 외부에 있는 사물들의 움직임과 반드시 동일한 규칙에 복종하는 건 아니라는 데 있다. 우리가 이미지의 중개를 통해 접근하는 우주의 사물들은, 그처럼 멀리서 보면, 마치 그것들 외부에 존재하는 법칙에 복종하는 듯한 광경을 제공한다. 반면, **지구**에 사는 존재들이 지닌 생성의 염려는 그들의 행위의 흐름이 그 모든 지점에서 스스로의 존망이 달린 다른 행위자acteur들의 침입에 의해 끊긴다는 사실로부터 유래한다. 따라서 이 둘을 혼동하는 것은 교육자로 보자면 온라인 수업이 '진짜 수업'을 대체할 수 있다고 믿는 것과 같고, 축구 팬으로 보자면 비디오 게임과 실제 '대면' 시합을 혼동하는 것과 같으리라. 또는, 철학자로 보자면 이미 다 된 학문을 지금 형성되고 있는 학문이라 여기는 것과 같으리라. 둘 사이의 이런 차이를 존중하는 일은 결국 지구생활자들이 서로 간에 작용을 가할 때 그 행동의 흐름을 계속 중단시키며 발생하는 저 수많은 기습적 **놀라움**surprise을 결코 시야에서 놓치지 않는 일과 동일하다(여기서 '지구생활을 하는terrestre'이라는 형용사는 가령 벼룩, 바이러스, 사장, 지의류, 엔지니어, 농부와 같이 어느 한 유형의 존재자를 가리키는 게 아니다. 그것은 잠깐 생성의 염려가 교차하는 조상과 후손 사이의 연쇄를 변화, 굴절시키는 가운데 스스로의 자리를 정하는 하나의 방식을 의미할 따름이다).

온라인상에는 최초의 한 상태에서 출발해서 예상 가능한 하나의 결론을 향해 이를 때까지 현상들이 스스로 **연속적으로 펼쳐지도록** 작용할 뿐이라고, 그래서 우리가 최초의 상태를 소유하고 있다면 '나머지 전체'는 '예상한 대로' 전개될 거라고 믿어 버리게 만드는 위험이 존재한다. 원격으로 이루어지는 재택근무 생활의 위태로움은 바로 거기에 있다. 반면 '실제로 있는en vrai' 것으로서 **지구**는 모든 층위에서 기습적인 놀라움이다. 연속성은 필연적으로 예외적인 경우에 해당하는 바, 생성의 염려는 각각의 존재자들이 **다중성**les multitudes — 그런데 약간 더 오래 지속할 것을 선택한 자들은 이 다중성을 거쳐야만 한다 — 에서 야기되는 존재의 단절hiatus을 극복하고 제 목표에 도달할 수 있도록, 그들의 편에 지극히 미미할지언정 어쨌든 발명이나 창조와도 같은 무언가를 요구하기 때문이다. 따라서 온라인으로 우주에 접근하는 것과 **현장적으로**en présentiel **지구**와 함께하는 생활을 혼동하지 않는 편이 좋다!

세대 간의 갈등, 보다 정확하게는 생성의 갈등이 관건인 이상, 나로서는 앞선 세대들이 우리로 하여금 두 유형의 움직임을 혼동하도록 부추겼다는 느낌을 강하게 받는다. 그들이 우리에게 삶이 불가능하도록 만들었다는 건 그런 의미에서다! 그들은 몇 세기 동안 **지구**가 제공하는 모델에 근거해 우주를 상상하려고 하더니 — 예컨대 그 유명한 소우주와 대우주 간의 유비론 — 그다음엔 **지구** 위 삶을 개조하기 위한 더할 나위 없는 방식으로서 우주를 모델로 채택하려 했다. 이는 결국 모든 단절들을 매끄럽게 메워서 그것들을 현상들의 단순한 연속 전개déroulement로 대체하려는 시도로 돌아갔고, 이때 현상들은 미리 알려져 있으며 그런 채로 원인에서 결과까지 끊김 없이 아래로 내려가리라고 간주되었다. 이는 행위의 흐름의 연속성을 보증한답시고 마땅히 고려해야 할 생성의 염려가 마치 더 이상 존재하지 않는 것처럼 구는 것과 다름없었다. 그 결과로, 전에 우리가 그리스어로 퓌시스phusis라 불렀던 것이 '자연Nature' 밑에 다시 가려지고, 매장되고, 숨은 듯 되어 버렸으니, 예전에 사람들이 자연을 일러 "감추기를 좋아한다"*라고 한 게 공연한 일은 아니다!

더구나 임계영역 연구자들이 공들여 설계한 패러다임은 바로 이 실험실과 실제 현장 사이에 존재하는 격차에 관한 것이다. 그들에 의하면 실험실이 실제 현장에서 벌어지는 일을 예상하는 건 매우 어렵다. 그 이유는 현장에서 신속히 전개되는 현상들이 실은, 예견한 각종 화학적 변형들의 추이에 덧붙어 그 동력에 탈선을 일으킴으로써 계산을 복잡하게 만드는 수많은 다른 행위자들의 침입에 의해, 감속된 것이기 때문이다. 임계영역의 관측소가 늘어날수록 지구의 불균일성hétérogénéité도 증가한다. 하나의 지대에 대해 그것이 '불균일적'이라고 말하는 것은 이런 생성의 염려들을, 또 그 지대의 장기적인 거주 적합성을 좌우하는 존재들 간의 섞임을 또 한 차례 강조하는 것과 같다. 그리고 이 사실로부터 각각의 현상, 거의 각각의 지역에 대해 다소간의 브리콜라주**를 거친 각각의 적합한 모델을 고안하고, 나아가 그 모든 얽힘의 목록을 작성하는 일이 필수 불가결해진다.

지구 또는 가이아가 '사방에' 펴져 있지 않다는 점은 난관을 배가시키는 요소다. 티모시 렌튼***이 우주의 시점에서 임계영역을 — 다시 말해 엑서터대학교 지구연구소 내 자신의 연구실에서 결출한 연구자들에 기대어 가장 **지구**적인 모든 것을 — 관찰하기 시작했을 때 내가 깨달은 사실은 심지어 가이아의 무게가 거의 0이라는 것, 다시 말해 태양에서 오는 에너지에 비할 때(0.14%), 또는 이 흙으로 된 행성(이때는 보통명사다, 이를 고유명사와 혼동하지 말자)의 중심으로부터 풀려 나오는 에

* 고대철학자 헤라클레이토스의 구절 "Phusis kruptesthai philei(자연은 자신을 숨기기를 좋아한다)" 그리스어 원 표현 'φύσις'가 본디 강조하는 바는 '생명의 추진력', 즉 생산과 탄생과 성장(phuein=to grow)의 힘이다. 이 의미의 맥락 중 '탄생'이 라틴어 'nasci(태어나다)'를 거쳐 프랑스어 단어 'nature(자연, 또는 본래 타고난 성질)'로 굳혀졌다.

** 'bricolé'를 풀어 '브리콜라주bricolage를 거친'으로 옮겼다. 브리콜라주는 아마추어적인 솜씨로 손과 도구를 이용해 하는 목공, 공작, 수리 등을 말하고, 특히 문화인류학적 관점에서는 부분적인 땜질이나 임시변통 또는 조합을 통해 실행되는 문화 재조립과 전유 현상을 일컫는다.

*** Timothy Lenton(1973~). 영국 엑서터대학교 교수, 지구시스템연구소 Global Systems Institute 소장. 지구를 하나의 체계로 이해하고, 그것의 작용 방식을 파악하기 위한 다양한 모델들을 연구, 제시하고 있다.

너지에 비교할 때 거의 무게가 나가지 않는다는 점이다. 이 사실은 어째서 물리학자들이 생명의 영향력을 지대한 것으로 간주하기 어려워하는지를 설명해 준다. 멀리서 보면, 그 안에 지구생활자들이 격리되어 있는 생물막은 아주 얇은 지의의 외관을 띠고 있다. 그로 인해 **지구**와 더불어 일어나는 모든 것을 완전히 무시하고 싶다는 유혹이 들며, 이 유혹이 꽤나 강력하다는 측면은 인정하지 않을 수 없다. 그저 약간의 먼지, 약간의 부식토, 약간의 진흙이 전부이니 말이다. 자신들의 가련한 공작품을 이렇듯 비하하는 가운데 초 단위로 제 존속의 값을 치러야만 하는 가련한 지구생활자들이여! 이 불쌍한 바퀴벌레들 앞에 아버지 잠자의 지팡이는 여전히 치켜세워져 있다. 마치 현장적인 삶은 가상적virtuel이라는 진정한 삶의 초라한 대용품만 제공할 뿐이라는 듯이.

지구가 때로 우주의 몫을 받아들이는 게 불가능한 건 물론 아니다. 다행스럽게도, 각종 계산에 힘입어, 수많은 장비 덕분에, 또 오랜 수련에 의해, 보호구역 내부에 머물며 갇힌 진흙 속에 우주의 작은 갱坑들을 만들어 내는 일이 가능하다. 그리고 그 갱들 속에서 실제로 사물들은 예견된 대로 전개되고, 원인들로부터 그 결과들을 향해 내려간다. 이는 여러 고무적인 발견과 오랜 반복 끝에 있게 된 결실이며, 그 실행 과정 중엔, 당연히 아무것도 예견한 대로 진행되지 않았었다…. 과학사 및 과학사회학을 연구하는 이들이 그토록 사랑해 온 실험실, 미립자 가속기, 원자로, 심지어 놀랍기 그지없는 국제열핵융합실험로ITER — 이것은 진정 극단적인 밀폐를 통해 태양이

빛을 내는 것과 유사한 융합을 백만 분의 일 초 동안 발생시킬 수 있다 — 가 이런 일을 이뤄낸다. 맞다. 하지만 이와 같은 쾌거는 어디까지나 부슈뒤론 지역 안의 생폴레뒤랑스에서, 무수히 많은 것들을 사용해, 그리고 무엇보다도 기술자, 엔지니어, 감독관과 감시자처럼 하나같이 완벽히 지구생활자인 이들이 대재난의 위험을 무릅쓰고 조심스레 지키는 그 보호구역을 절대 벗어나지 않으면서 벌어질 따름이다.

따라서 **지구**의 내부에서 이 우주의 갱, 웅덩이, 고립군isolate은, 꿈속이 아니고서는 결코 연속된 앙상블을 이루지 않는다. 이것은 오히려 그 각각이 생명체, 엔지니어, 연구자와 기술자와 매니저의 자유인 신분ingénuité에 의존하는 닫힌 문huis clos의 사슬에 가깝다. 오, 무수히 많은 틀어박힌 것들이여. 이 장소 내에 있는 것들 중 그 어떤 것도 **지구**를 구성하는 바를 대신할 수 없다. 저 고약한 코로나19 바이러스에 관한 지식을 하루하루 '하나로 통합unifier' 하려는 과정에서 의사들과 감염병학자들이 겪는 온갖 난관을 목도하며 우리 모두가 깨달은 사실도 아마 그것이리라.

가이아를 균질적이고 매끈하며 연속된 우주 공간에서 따로 부각되는 기이한 반점으로 봤던 앞선 세대의 착각과 달리, 지구생활자들은 그 이미지를 뒤집어, 자신들의 도정에서 마주치는 우주의 작은 섬들로 여기는 경향이 있다. 뒤얽힌 생명체들이 사슬들을 끊임없이 깁고 수리해 가며 짜는 가벼운 양탄자를 바탕으로 제 테두리 날에 의해 선명하게 도드라지는, 그리고 유지하는 데 막대한 비용이 드는 섬들로. 그렇다, 이 군도

群島들은 탄성을 자아내며, 그 아름다운 경험에 대한 묘사를 들을 때마다 내 눈에는 눈물이 고인다. 그러나 그건 그와 전혀 다른 행위역량들이 지속적으로 지탱하는 세계 내에서 예외를 이루는 경우들이다. 토끼가 오리가 될 수 있고 또 그 역도 일어날 수 있는 저 양면적인 그림들에서처럼,* 후방에 있던 것이 전방으로 옮겨온 셈이라고 할 수 있겠다.

이는 또 한 차례의 형이상학적** 외양을 띠는 주제다. 그리고 최근의 봉쇄는 이와 관련해 실로 놀라운 본보기를 제공한다. 실제로, 온라인으로 '무한한 공간들'을 여행하던 (또는 그러지 못할 경우엔 TV 시리즈물을 통해 다양한 에피소드 속으로 이동하던) 그 기간에, 우리는 솔직히 우리가 이제껏 꽤 무심히 지나쳤던 수많은 직업들, 가령 식당에서 서빙을 담당하는 이들, 배달원들, 수송업자들, 여기에 더해 간호사들, 구급차 호송인들, 간병인들 등, 요컨대 보수도 낮고 사회적으로 크게 대접받지 못하며 흔히 예전 표현대로라면 '유색인'이며 때로 불법체류자인 이 모든 이들이 없다면 우리 자신이 그리 오래 살아남을 수 없으리라는 사실을 인정할 수밖에 없었다. 음식을 먹는 일과 같은 가장 단순한 행위의 흐름을 완결하는 것조차도 가장 일상적인 생활의 '계속성을 보장하기' 위한 아주 많은 행위자들의 원조를 필요로 했다. 우린 이 사실을 어렴풋하게 알고 있었고, 혹독하게 확인했다. 사람들이 얕잡아 보는 경향이 있던 직업들이 다시 본질적으로 되었고, 그 역의 현상도 일어났다. 자기 아이들에게 당장 셈과 읽기를 가르쳐야 하게 된 부모들의 눈에는 갑자기 교육자들의 노동이 무척 어려운 것으로 비쳤다. 그런가 하면, 양성 간 가사 노동의 분배에 존재했던 큰 불공평이 집집마다 더욱 첨예하게 부각되었다. 나날의 일상은, 그것대로 또 다시, 하루하루의 단순한 재생산을 보장하기 위해 전 순간의 노동을 요구했다.

봉쇄의 경험이 내게 이처럼 교훈적으로 보이는 까닭은, 그것이 시간의 흐름과 함께 생성의 염려들을 점진적으로 선별, 제거해 온 오랜 역사를 새삼 느낄 수 있게 해 주기 때문이다. 무슨 뜻인지 알려면 이 염려souci라는 말의 어원을, 아니 그보다 **젠더 안의 곤란들**troubles dans le genre을 **살펴보는 것으로** 충분하다. 여하튼 우리 프랑스어에서 우주가 남성명사인데 비해 **지구**가 여성(고유)명사인 데엔 — 가이아의 경우도 마찬가지라는 걸 잊을 수 있을까? — 이유가 없지 않다. 현재 에밀리 아슈***는 다른 여성 철학자들 및 역사학자들과 힘을 모아 소위 탄생의 문제에서 완전히 벗어나 있는 기원, 혹은 **그들 자신**

* 1892년 한 독일 잡지에 'Kaninchen und Ente(토끼와 오리)'라는 제목으로 처음 실렸다, 1899년 미 심리학자 조지프 재스트로Joseph Jastrow의 인지 관련 연구를 통해 널리 알려진 착시 그림을 말한다.

** 이렇듯, '비근대'의 철학자 라투르의 '급진성'은 형이상학에 대한 그의 관심에서 찾을 수 있다. 라투르의 사유를 형이상학('실재론적 객체지향 형이상학')의 관점에서 조망한 대표적인 입문서는 잘 알려진 대로 그레이엄 하먼Graham Harman(1968~)의 2009년 작 『네트워크의 군주: 브뤼노 라투르와 객체지향 철학*Prince of Networks: Bruno Latour and Metaphysics*』(김효진 옮김, 갈무리, 2019)이다.

*** Émilie Hache. 생태학, 정치학, 페미니즘 등을 아우르는 철학자로 여러 권의 관련 저서를 펴냈다. 아슈를 위시해 이 같은 연계 분과들의 현 연구 동향을 살펴보려면 가령 https://www.terrestres.org를 참조할 것.

에 의해, 홀로 토착민autochtone으로 태어나게 하는 어떤 전혀 다른 종류의 기원이 수컷들의 몫이라 상상함으로써, 생성의 제반 문제를 암컷들 또는 어머니들의 출산에 국한시킬 우려가 있는 기이한 분할의 문제를 되짚고 있다. 급기야는 여자, 탄생, 모성, 생명을 동일시하며, 그와 달리 수컷들은 우주로부터 직접적으로 태어난다고 — 물론 이들이 태어났다는 걸 받아들이기는 한다면 말이다 — 간주하기에 이를지도 모를… 해서 결과적으로 모든 생성의 염려를 한쪽으로 몰고 반면 나머지 다른 반쪽은 출산과 교육, 돌봄의 염려 일체에서 벗어나 있는 듯 만들어 버릴 수도 있을 분할이 그것이다.

지구생활자들은 자기 자신에게 기꺼이 이제까지와 다른, 다시 말해 제 부모, 그중에서도 특히 제 아버지와 크게 관계없는 이야기들을 들려주고 싶어 하며, 그래서 자기들끼리 전혀 다른 계보학을 세우는 것처럼 보인다. 이 사실을 나는 도나 해러웨이로부터 배웠다. 생성과 동일성identique의 재생산을 혼동해서는 안 된다. 해법들 중 가장 멀리해야 할 것이, 마치 여성le féminin을 출산에 가둬 두어야만 하는 것이기라도 하듯, 기원의 능력을 두 젠더 중 하나에게만 축소시키는 일이리라. 게다가, 그럼 남성은 어디다가 두겠다는 뜻인지? 맙소사, "아기 말고, 친족 만들기Make kin not baby"*를 이야기하는 도나의 말마따나, 생성은 진정 다양한 방식으로 실행된다. 자신들이 태어났음을, 돌봄을 필요로 함을, 선조와 후손을 지니고 있음을 인정하는 이들과, 다시 말해 지구생활자들과, 자신이 황새가 물어다 줬거나 양배추에서 왔거나, 뭐가 됐든 우주의 허벅지에서 다 완성된 채로 나왔다고 — 그래서 그리로 되돌아가고 싶다고 — 꿈꾸는 이들을 구별하는 편이 나으리라. 후자들은 얼마 전까지도 스스로를 '인류'라고 명명하는 특권을 제 몫으로 가졌었다. 그런데 보라, 그랬던 그들이 이제는 충격을 받고 자신들의 방향을 상실해 버린 것이다. 세상에, 가이아와 여성이 서로 무관하지 않다니!

* 도나 해러웨이와 아델 클라크Adel Clarke가 공동 편집한 저서 『인구 말고 친족 만들기: 세대 개념의 재구상*Making Kin not Population: Reconceiving Generations*』(2018, Prickly Paradigm Press) 참조. 인용된 슬로건에는 혈통과 계보, 또는 전통적이며 규범적인 가부장적 가족 형성 패턴에 기반하지 않은 가족, 이른바 "순혈가족이 아니라 괴상한 친족", "패륜적인 친족"(임옥희, 〈도나 해러웨이: 괴상한 친족들의 실뜨기 놀이〉, 웹진 SEMINAR issue01)을 만들자는 제안이 담겨 있다.

5.

폭포 형태로en cascade* 이어지는 생성의 곤란

돌아가는 모든 상황으로 볼 때, 바이러스가 강요한 봉쇄는 완곡하게 '생태학적 위기'라 불리는 바가 강요하는 격리의 일반화에 차츰 친숙해지기 위한 예행 연습이 될 수 있을 듯하다. 문제가 된 바는 위기가 아니라 하나의 변동**임을, 너는 여실히 느낀다. 즉, 넌 더 이상 전과 동일한 몸을 소유하지 않으며, 네 부모와 같은 세상 속을 이동하지도 않는다. 지금 우리에게는 그레고르에게 발생한 것과 같은 일이 일어나고 있고, 우린 이 결정적인 유폐로 인해 두려움에 빠져 있다. 카프카의 「Die Verwandlung」를 번역하기 위해 채택된 프랑스어 제목 '변신métamorphose'이 내포하는 기이한 약속을 너든 나든 — 어쨌거나 아직까지는 — 실감하고 있지 않지만 말이다. 더 이상 옛날식 인류로, 다시 말해 근대인으로 살 수 없다는 건 과연 지나치게 잔인한 일이다. 가장 이상한 사실은, 이 불안을 모두가, 모든 층위에서, 모든 종류의 존재자들에 관련해 공유하고 있어서, 예전에 '인류'라는 표현 뒤에 부가했던 것과는 완전히 이질적인, 일종의 새로운 종류genre의 보편성이 도입될 정도에까지 다다랐다는 점이다. 마치 우리는 생성 속 갖가지 곤란의 폭포에 직면했으며, 그 점이 우리 모두를 본의 아니게, 다른 선택의 여지 없이 단합하도록 만드는 듯한 양상이다.

나는 그와 같은 불안을 무엇보다도 정치적 입장들에서 재발견한다. 청년들이 "멸종 저항Extinction Rébellion" 운동***을 다질 때 거기서 세대들의 후속 — 그리고 그들에게 이 문제는 그저 인류의 운명에만 관련된 게 아니다 — 에 대한 불안 섞인 의구심의 징후를 보는 건 그리 어렵지 않다. 대단히 영리하지 않더라도 바이러스처럼 확산되는 붕괴와 허탈의 테마들에서 데보라 다노브스키와 에두아르도 비베이루스 지 카스트루**** 가 그토록 적절히 진단한, 저 "세계의 멈춤"의 각종 버전을 탐지해 내는 건 쉽다. 사람들은 마치 이렇게 말하는 듯하다. "이 경계를 넘어가면 더 이상 아무것도 없다. 미래 없음no future."

그와 유사한 염려가, '정치적 유령'의 맞은편에서, 이번에는 여성의 귀환에 대한 공포의 양상으로 드러난다고 하면, 해

* 즉 '위에서 아래로 전달되는'. 생태학에서는 먹이사슬의 상위영양생물로부터 그 하위생물을 향해 단계적, 순차적으로 영향이 전달됨으로써 생태계가 조절되는 일련 현상을 '트로픽 캐스케이드trophic cascade'라 부른다.

** 원문에서는 변화나 이전뿐만 아니라 (생물학적) 돌연변이 또한 지칭하는 단어 'mutation'이 사용됐다.

*** 생태, 기후 시스템, 사회 환경 등에 일어나는 제반 붕괴(홀로세 대멸종Holocene extinction)를 막기 위해 정부에 각종 압력을 넣으려는 글로벌 환경 운동. 2018년 로저 할람Roger Hallam과 게일 브래드브룩Gail Bradbrook에 의해 시작되었다.

**** 브라질에서 활동하고 있는 철학자 데보라 다노브스키Deborah Danowski(1978~), 인류학자 에두아르도 비베이루스 지 카스트루Eduardo Viveiros de Castro(1951~) 부부는 함께 『세상의 끝*The Ends of the World*』(2018)을 펴냈다. 리우데자네이루 출신으로 매우 중요한 연구 업적을 보유하고 있는 비베이루스 지 카스트루의 저서 중 국내에 소개된 것으로는 『식인의 형이상학: 탈구조적 인류학의 흐름들』(박이대승·박수경 옮김, 후마니타스, 2018)이 있다.

서 '젠더 이론'들이 '가족에 대항하는' 견딜 수 없는 공격으로 간주되고 또 그 때문에 '낙태 반대 투쟁'이며 다른 성들의 문제를 대하는 태도가 점점 더 날카로워져만 간다고 하면, 내가 잘못 생각한 것일까? 생성의 염려라는 관건에 대해 이보다 더 직접적으로 이야기해 주는 바가 있을까? 또, 극우 진영을 온통 사로잡고 있는 이 "거대한 대체Grand Remplacement"*라는 강박관념에 대해서는 무슨 말을 해야 하는가? 맞다. 물론 이 강박에서 문제되는 건 다른 인간들을 향한 증오이지 인간 아닌 존재들의 파괴 앞에서 느끼는 격노는 아니다. 그렇더라도, 그것은 동일한 두려움이 아닐까? 견해들이 그 어느 때보다도 철저하게 나뉘어져 있다고 믿기는 순간에, 그럼에도 불구하고 그것들은 동일한 불안으로 단합해 있는 건 아닐까? 그리고 바로 그럴 때 막연한 멸종의 위협과도 같은 것이 모든 정치적 기획들을 짓누르리라. 마치 혈통의 원칙이 느닷없이 중단되어 버리기라도 한 것처럼 말이다. 카프카라면 새삼 놀라지도 않았으리라. 과연 '정치적 가족들'은 모두 다 '가족의 문제들'을 가지고 있다.

변동은 정치가 더 이상 우리 안에 동일한 감정을 불러일으키지 않는다는 바로 그 사실에서 감지된다. 더구나, 봉쇄 동

* 소위 '대체 이론'은 인종주의와 외국인 혐오에 뿌리를 둔 백인 극우파의 음모론이다. 그에 의하면 체계적으로 대체주의를 신봉하는 엘리트들에 의해 프랑스와 유럽 본토의 백인 인구 및 문화가 점차 비유럽계, 특히 아프리카계 흑인이나 아랍 인종 및 그들의 문화로 대체, 함몰되어 가고 있다는 것이다.

안에 우리를 사로잡은 걱정거리는 생산의 신속한 재가동이 아니었다. 그와 반대로, 우리는 예전처럼 '진보의 도정'에서 '재출발'하는 일의 이점에 대해 전면적인 의혹을 느꼈었다. 내가 보기에 우리 중엔 즉시 똑같은 일을 '재개'하려고 애쓰는 대신, 모든 형태의 생명 발생에 위험이 닥쳤다고 느낀 이가 다수였다. 돌연 평범한 가정들에 이런 질문이 다시 찾아 들었다. "내가, 나와 내 가족이 대체 어느 땅에서 살아갈 수 있는 걸까?" 10년 전만 하더라도 내 눈에 '반동적으로' 비쳤을 법한 이 땅을 향한, 흙을 향한, 살 터전을 향한 새로운 형태의 관심을 달리 어떻게 이해할 수 있겠는가?(여기다 정원을 일구는 일에 대한 매료나 영속농업permaculture에 대한 기이한 열정도 빼놓을 수 없다!) 이 관심사들을 쉽게 좌우 진영 어느 한쪽에 위치 지을 수 없다면, 그건 실제로 모든 사람들이 수많은 방식으로, 또 상이한 수많은 증세를 통해 동일한 불안에 '반응하고' 있기 때문이다. 공공의 삶의 심장이 확연히 재개의 문제에 사로잡힌 건 맞는 듯하지만, 단 이 경우의 재개란, 이 얼마나 실존적인가, 인간의 어린것들만큼이나 곤충과 물고기와 기후, 계절풍, 언어, 고장의 무수한 세대들의 재개를 의미한다. 지금이 본격적으로 착륙할 때라는 듯 땅으로 향하는 귀환의 형상이 그 점을 상당히 적절히 요약한다는 사실을 인정하지 않을 수 없다. 차이가 있다면, 우리가 이전에 이륙하려고 애썼던 바로 그 땅이 더 이상 그 시절과 같지 않을 뿐이다….

'국제 질서'의 붕괴는 거주적합성의 제반 조건 재생산에 대한 의구심을 더욱 고통스럽게 만들었다. 우리는 우리의 혈

통학적 역사의 후속을 정의하는 것이나 국사國史의 경계를 규정하는 데서 다 같이 어려움을 겪게 된 듯이 보인다. 흙으로 된 행성의 옛날식 배치quadrillage는 어느 면에서도 **지구**를 형성하는 존재자들의 요구 사항, 영향, 혼합과 관계에 부합하지 않는데, 정작 과거로부터 물려받은 통치권의 경계를 설정하는 것은 바로 그 배치법인 것이다. 이런 이유에서 피에르 샤르보니에*의 다음 가르침은 우리에게 매우 시사적이다. 그에 의하면, 국경에 의해 제 대략의 윤곽을 갖게 되는 각 국가는 그 정의상 저를 살 수 있도록 해 주는 바에 대해 **거짓말**을 할 수밖에 없다. 이유인즉, 문제된 국가가 부유한 선진국이라면, 그 국가는 전혀 제 책임 소관이 아닌 다른 영토들로 슬그머니 확장되어야만 하기 때문이다. 이것이 한편으로는 내가 **그** 안에서 선진국의 시민 자격으로 **살고 있는 세계**le monde dans lequel je vis와, 다른 한편으로 내가 **소비자로서 이용하며 살아가는 세계**le monde dont je vis 사이에 절연을 유발하는 근본적인 위선이다. 마치 각각의 부강국엔 그것에 끊임없이 출몰하는 유령 국가État fantôme가, 즉 다른 한편으로는 그것이 살아가도록 해 주며 다른 한편으로는 그것에 의해 뜯어 먹히는 일종의 **도플갱어**가 덧대어져 있다고 해도 될 것처럼 말이다.

만약 하나의 국가가 제 국경에만 국한된다면, 그 국가는 살아갈 수 없으리라. 거기서 그것의 불안이 비롯된다. 어떻게 존속할 것인가? 이 불확실한 부분을 당연히 우리는 하나의 불안으로 느끼며, 이는 특히 우리가 부유할 때 더 그렇다. 우리가 그 혜택을 가장 오래 누린 세대, 다시 말해 덩치 큰 그 유명한

베이비부머 세대에 속한다면 더욱더 그렇다. 기후 변동이 강력해질수록 점점 더 증대되는 질식의 느낌, 그 공포를 내 동료 시민 다수는 과거의 어머니 나라로 돌아간다는 상상적 회귀의 형태로 공유하는 듯하다. 그런데, 자신들에게 삶을 다시 영위하도록 해 줌에 있어서 정작 그들에게 여태까지 향해 가던 글로벌 세계보다 더 낯선 것이 바로 그 옛 나라인 것이다. 이 사실은 국가라는 이 아름다운 어휘가 더 이상 한 국민의 재생renaître을 돕는 걸 허용하지 않는 바로 그 순간에 사방으로 국가주의적 유혹을 확산시킨다. 갱생이 관건인 건 물론 맞다. 하지만 어디서, 누구와 더불어 다시 태어날 것인가?

국민국가État-nation의 시민, 특히 부유하고 강대한 시민이 이런 질문들에 대답하는 것이 불가능하리라는 생각이 확연히 든다면, 그건 이 국경의 개념 그 자체 때문이다. 국가들은 국경을 방패 삼아 제 시민들을 보호한다고 간주되어 왔는데, 따지고 보니 결국 그게 그들이 살아 나가는 데 걸림돌 역할을 하는 것이다. 일찍이 데이비드 웨스턴**이 방문한 바 있는, 어느 백만장자가 높은 방책을 둘러 '야생동물들'이 바깥으로 빠져나가지 못하게 했던 케냐의 그 보호지역처럼 말이다. 몇 해가

* Pierre Charbonnier. 환경공학자. 도시 및 국가 기획, 개발과 제반 위험 등에 관련된 제반 문제를 연구한다. 2020년에 『풍요와 자유*Abondance et liberté*』(La Découverte)를 펴냈다.

** David Western. 케냐 나이로비의 아프리카보호센터African Conservation Center 의장. 1967년부터 암보셀리 국립공원의 사바나 생태 시스템을 추적했다.

지나고 나자 이 지역은 철책을 뛰어 넘기엔 너무 게으르거나 쇠약해진 앙상한 암소 몇 마리만이 남아 풀을 뜯는 사막으로 변하고 말았다. 바로 그런 것이 모든 존재자들이 다시 발견한 새로운 보편이다. 그리고 그것은 특히나 심술스러운 보편이다. 우리 모두 경계라는 개념의 경계들limites de la notion de limite에 매이게 되었고, 땅의 노모스nomos*를 위치 짓는데 애를 먹게 되었기 때문이다. 가이아의 난데없는 간섭은 단지 '자연'에 대한 관심에서뿐만 아니라 우리의 보호막을 향한 전반적 불안에 의해서도 표면화되는 듯하다. 봉쇄가 나쁜 소식이라면 국경의 개념을 다시 문제 삼게 된 건 좋은 소식이다. 한편으로 우린 경계 일체의 너머로 달아난다는 기이한 생각을 잃지만, 다른 한편으로 복잡한 얽힘에서 얽힘을 거쳐 이동해 나가는 자유를 얻는다. 한편으로 자유는 봉쇄에 의해 가혹한 대접을 받지만, 다른 한편으로 우리는 마침내 무한에서 해방된다.

그 사실에서, 이제 자기동일성identité의 용어들이 아닌, 중첩superposition과 잠식empiètement의 용어들로 사유하면서 생명체들의 행동생태학éthologie 속으로 좀 더 내려가 볼 당위성이 생겨난다. 생태학자들은 살기 위해 필요한 모든 것을 선취함으로써, 즉 마치 속담 속 "사랑과 신선한 물로 살아가는" 연인들과도 같이(진정한 연인들이라면 마땅히 그러리라…) 그것을 태양으로부터 추출함으로써 스스로 자양분을 조달할 수 있는 자들

* 퓌시스와 대비하여 제도, 사회, 도덕, 종교 등을 일컫는 그리스 소피스트 철학 용어.

을 무기영양생물autotrophe이라 명명한다. 대표적인 무기영양생물로는 박테리아와 식물을 들 수 있을 것이다. 물론 가이아도 이에 포함된다. 엄밀한 의미에서, 법적인 의미에서, 오직 무기영양생물들만이 스스로를 자율체라고, 토착민이라고, 그리고 정말로 하나의 국경에 의해 한정되는 존재라고 간주할 권리가 있다 할 것이다. 오직 그것들만이 하나의 자기동일성을 지니리라. 어떻게 보자면 그것들은, 과연 그 어떤 다른 지구생활자에게도 매이지 않은 채 제 용무를 순탄히 처리해 나가는 이상, 독점적 소유권droit de propriété exclusive을 자연적으로 누린다고 할 수 있을 것이다. 그런 일에 그것들이 흥미가 있을지, 글쎄, 무척 개연성은 없는 경우지만. 한편 종속영양생물hétérotrophe, 즉 나머지 모든 것들, 다시 말해 동물이건 사람이건 우리가 그에 관해 일상적 경험을 지니는 모든 자들은 제 존속 여부가 때로는 국가들처럼 어마어마한 치수에까지 이르는 어느 유령 몸에 달린 이상, 명백히 아무런 권리를, 아니 어쨌든 독점적 소유라는 특권을 제 몫으로 요구할 아무런 자연권을 갖지 않는다. 자신들이 살 수 있게끔 해 주는 지구생활자들의 존재를 부인하면서 거짓말하고 위선을 부릴 게 아니라면 말이다. 이것은 우리 각자에게 크나큰 자격지심의 발작을 일으킬 사안이긴 하다. 충분히 이해가 간다. 우리의 불행은 격리되어 있기는 한데 고유한 의미에서 '우리의 집'을 전혀 갖지 못한다는 데서 오는 것이다. 그런데, 또한 바로 그것이 우리에게 자기동일성의 덫을 피하도록 해 주는 사실이기도 하다. 격리 덕분에, 드디어 풀려나 숨을 쉬는 것이다!

무기영양생물과 종속영양생물 사이의 이 경계가 완전히 명확하지 않다면, 그건 박테리아와 식물이 그들의 단순한 물질대사를 통해 불가피하게 제 뒤에 찌꺼기를 남기기 때문이다. 더구나 그것이 땅의 오래된 역사에 대한 정전canonique적 이야기인 바, 25억 년 전에, 스스로는 멀쩡한 무기영양생물인 바닷말류는 제 조상에게 대단히 유독한 가스인 산소를 방출해 대기를 오염시키기 시작했고, 그 바람에 이른바 '혐기성'이라 불리는 그 조상은 살아남기 위해 깊숙이 피신해 들어갈 수밖에 없었다. 이처럼, 무기영양생물조차도, 제 행위의 예상치 못한 결과들을 헤쳐 나가며 그럭저럭 자기 앞가림을 하지 않을 수 없게 된 다른 지구생활자들에게 결정적으로 영향을 미친다. 에마누엘레 코치아*는 기꺼이 동물들을, 심지어 인간을 포함한 '고등한' 종들조차도, 식물들의 배설물을 호흡하는 자로 정의한다. **상류로는**en amont 저를 살게 하는 것에 종속되고 **하류로는**en aval 제 후속자를 자신이 배설하는 것에 종속시키는 이 방식이야말로 지구생활자들에 대한 한층 정확한 규정이기까지 하다. **지구**는 이러한 연관concaténation에 의해 직조된다.

그 지점에서 정치적 정동은 점점 더 가속화되는 쇄신을, 그렇다, 진정한 변신을 겪는 중이다. 옛날식 '인간들' 즉, 독점적 사유권을 행사한다는 특권을 부여받은 '개인들individus'로서 타민족들 앞에 등장하는 그들이 우리, 지구생활자들의 눈

* Emanuele Coccia(1976~). 이탈리아 출신 철학자. 파리 사회과학고등연구원EHESS 교수로 있다.

에는 점점 더 이상하다. 이 '개별적individuels'일 수 있는 권리란 완벽하게 무기영양생물이며 따라서 제 뒤에 아무런 잔재를 남기지 않을 존재자들만이 요구할 수 있을 테니까. 하여 이것은 정의상 스스로를 저를 둘러싼 주변과 제 벽감 속에 간직하는 가이아에게만 적용될 수 있는 사실이다(그런데 이 사실이, 역시 같은 논리에 의해서, 가이아로 하여금 하나의 소유권을, 심지어 통치권의 상당히 새로운 형태까지도 요구하도록 할지, 가이아가 그것에 관심을 보인다면 말이다 — 이것은 장차 따져봐야 할 사안이다). 그런데 어떤 경우에도, 또 어떤 관계하에서도, 스스로가 확실하게 그어진 하나의 국경 내부에, 그리고 철사로 윤곽선을 잡은 듯한 개인들로 이루어졌다고 공언할 수 없는 하나의 부족이 있다면, 그게 바로 너, 즉 네가 얼마 전까지 거기 속했다는 사실에 자부심을 가졌던 바로 그 근대의 '인간'인 것이다. 그리고 그것이 단편 속에서 대충 실루엣만 그려지는 다른 인물들에 비해 그레고르의 벌레-되기에 관한 묘사가 그처럼 현실주의적으로 등장하는 이유이기도 하다.

격리가 만천하에 드러낸 보편적인 위기란, '인류'로 하여금 자신들의 제반 관계에 대해 사유할 수 있도록 해 주었던 모든 사법적, 학술적 도구들이 실상은 여태까지 아무도 살아본 적 없는 세계에나 적용된다는 바로 그 사실이다! 그러니 그들이 느끼는 공포가 납득이 갈 수밖에. 핵심은 자신이 **지구**와 더불어 영원히 서로 얽히고설키고 진창 속에 포개어진 채 거주한다는 것을, 그리고 그렇게 묶인 관계들을 협조나 경쟁에 국한 할 수 없는 채로 살고 있다는 것을 불현듯 깨달은 허구적 개인들의 소설이 삽입되고 말았다는 데 있다. 그렇다, 그레고르처럼 그들은 제 발과 더듬이 들, 그리고 스스로의 배설물에 당혹해 있다.

개인의 경계는 영 갑갑하다. 모든 이가 일찍이 그 사실을 잘 깨닫고 있었는데 정작 난 **지구** 어디에도 실재하지 않는 이 형상의 가장 완결된 형태가 그처럼 늦게, 마지막 전쟁 후의 북아메리카에서, 그것도 아인 랜드*라는 한 계시받은 여성이 쓴 어설프면서도 가공할 정도로 유효한 소설에 이르러서야 발견된 까닭이 이제 이해가 간다. 이 작가가 들려주는 이야기는 이렇다. 너무나 많은 세금을 물면서 세계를 지탱해야 하는 부담에 마치 아틀라스처럼 무너진, 그녀가 우러러 마지않는 기업가들이 제 짐을 내려놓고 어느 신비한 계곡으로 피신하기로 결심한다. 그 계곡은 이미 그 지경으로 무너진 세계에서 도피하기 위해 고안된 상상의 제2세계다. 그리고 이 친절한 저자가 쓴 소설의 제목은 다름 아닌 『아틀라스: 지구를 떠받치기

* Ayn Rand(1905~1982). 러시아계 미 소설가, 극작가. 디스토피아적인 민중국가, 즉 획일적 분배와 평등주의를 신봉하는 가상의 미국과 그에 대항하는 각 분야의 전문가들(영웅적인 기업인들)의 파업 후에 일어나는 일들을 그린 『아틀라스: 지구를 떠받치기를 거부한 신』(1957)으로 이름을 떨쳤다. 이 작품은 흔히 개인의 독립된 자유와 이성에 대한 신뢰를 바탕으로 하는 미국의 주류 철학, 미국식 자본주의의 핵심 가치를 이해하는 데 중요한 사상적 골간을 제공했다고 평가되지만, 라투르는 이 인간관을 비판적 시각으로 바라보고 있다. 라투르의 인용 의도를 살리기 위해 제목을 풀어 옮겼으며 한국어 번역본의 제명은 『아틀라스 1~3』(민승남 옮김, 휴머니스트, 2013, 작가 명은 에인 랜드로 표기됨)이다.

를 거부한 신*Atlas Shrugged*』이고! 즉 "토양 바깥hors sol"의 나라에서 쓰인 이 허구의 작품에서나 영웅들, 즉 "아무에게도 빚지는 게 없기" 때문에 "우월한" 개인들이 파업 결정을 통해 제 탁월한 주도에서 풀려난 모든 가련한 이들을 굶주림으로 몰아넣을 결심을 하는 것이다! 화성으로 날아가려는 일론 머스크의 계획이 그에게 버림받은 9억의 지구행성인terrien들, 다시 말해 이… **남겨진 가엾은 녀석들**left-behind poor blokes을 슬픔으로 울게 만들 거라고 가정되는 것과 흡사하게도. **지구**와 함께라면 물론 소설 속 이런 인물들과 마주치는 일은 없다. 세계 속의 개인이란 언제나 실제 용례를 찾아보기 힘든 문학적 희귀어 hapax littéraire이자 연극적으로 꾸며낸 코기토cogito de théâtre이며, 이 사실은 데카르트 이래로 잘 알려져 있다. 고로, 어느 한 개인이 그런 식으로 등장해서 어떤 재산에 대해 독점적 소유권을 요구할 때마다 우린 웃지 않을 수 없을 것이다.

가장 기이한 것은 정치적 개인에게서 사실인 것이 생물학적 개인에게서도 사실이라는 점이다. 흔히 말하듯 국가가 제 자원이나 쓰레기를 '관리'하는 데 얼마간 어려움을 겪는다고 할 때 그걸로 국가를 따로 탓할 수 없는 것이, 생물학자들 또한 그들이 '살아 있는 유기체'라고 부르는 것에 대해, 그게 완전한 동물이든 그 동물의 세포나 유전자이든, 동일한 문제를 겪고 있기 때문이다. 존재자들이 서로 뚜렷이 구분해서 유지되기 어렵다는 사실을 끊임없이 헤아리게 되는 모든 자연과학 속에서, 폭포는 계속해서 예견치 못한 방향으로, 점점 더 멀리 되튀긴다.

스코트 길버트*와 샤를로트 브리브**를 통해서 나는 유기체들이 진짜로 신다윈주의의 제약들에 복종한다면, 다시 말해 그것들이 정말로 제 재생산의 이점을 소수점까지 아주 정확하게 계산하는 유기체 속에 삽입된 이기적 유전자들로 구성되어 있다면, 역설적이게도 그것들은 결코 살아남을 수 없으리라는 사실을 배웠다. 그 이유는, 우선 유기체들은 제게 더 유리하거나 덜 유리한 각종 거주적합성의 조건을 확보해주는 벽감들에 의존하기 때문이며, 그다음으로 그것들은 제 각각의 발달 지점마다 다른 행위자들의 예상 밖 원조를 필요로 하기 때문이다. 어느 암소 한 마리의 자연선택에서, 그 소의 장腸의 제조가 그에 병행되는 — 그리고 그 암소의 DNA의 일부가 아닌 — 무수히 많은 박테리아의 선택에 의존한다면, 그건 무슨 의미겠는가? 인간의 신체 유지에 필요한 세균의 수가 그 신체를 이루는 세포 수를 몇 자리 이상 넘어선다고 하면, 그 때 '인간의' 신체란 과연 무엇이겠는가? 하나의 몸의 정확한 경계란 이처럼 대단히 불확실한 것이기에 린 마굴리스는 유기체라는 지나치게 축소된 개념을 자신이 "홀로바이온트holobiont***"라 이름붙인 바로 대체하자고 제안했다. 홀로바이온트는 그 윤곽이 구름처럼 모호한 형태를 띤 행위자들의 앙상블로, 여기서 막들은 외부가 그 내부에 속한 것에 제공하는 원조 덕분에 약간 더 오래 지속하고 존속할 수 있게 된다.

이후로 생성에 대한 질문이 모든 층위, 모든 존재자에게 제기되면서 경계라는 개념에 점점 더 큰 불확실성이 초래된다는 사실은 격리를 그토록 고통스러운 동시에 또 비극적으로 흥미로운 것으로 만든다. 코로나19 바이러스로 인한 감염병은 언젠가 끝이 나기야 하겠지만, 그럼에도 그것은 결코 벗어날 수 없는 새로운 상황을 미리 예시하는 데 불과하다는 사실을 우리 모두는 깨달았다. 그로부터 매우 역설적인 형태의 보편성이 범람하게 되는데, 이는 부정적이면서도 — 여기서 어떻게 영속적으로 빠져나올지 아무도 모른다 — 동시에 긍정적이다. 즉, 지구생활자들은 자신들 모두를 한 배에 탄 자들로 인식한다. 한편으로 우리는 자신이 죄수라고 느끼고, 다른 한편으로는 스스로 해방되었다고 느낀다. 한편으로는 숨이 막히며, 다른 한편으로는 이제야 숨을 쉰다. 여태까지는 공허한 편이었던 "행성 의식conscience planétaire"이라는 표현이 비로소 의미를 담기 시작한 것 아닌지 스스로 질문해 봐야 할 때다. 미처 예상치 못한 다음의 슬로건이 멀리서부터, 그러나 날이 갈수록 점점 더 또렷하게 들려오는 듯하다. "만국의 격리된 자들이여, 단결하라! 그대들은 동일한 적을 지니고 있으니, 다른 행성으로 피해 달아나려는 자들이 바로 그들이다."

* Scott F. Gilbert(1949~). 미 진화발달생물학자, 생물학역사가.

** Charlotte Brives. 보르도의 국립과학연구소 에밀 뒤르카임 센터Centre Emile Durkheim에서 과학인류학과 세균학을 연구하고 있다.

*** 이른바 '공생 생명체', '공생물발생symbiogenesis'의 각도에서 생명에 접근하는 개념. 숙주와 그 주변에 사는 많은 종(공생미생물)의 집합체를 이른다. 마굴리스에 의해 본격화되었으며 도나 해러웨이의 사유에도 영향을 준 이 관점에 의하면, 생명 만들기에서 생식에 우선하는 것은 무엇보다 (서로 이익을 주고받는 것으로서 숙주+공생자 모델이 아니라) 오랜 시간에 걸쳐 진화를 이루는 "낯선 자들 간의 친밀성"이다.

6.
'여기 이 낮은 곳'에 — 단, 저 위는 존재하지 않는다

행성적인 것 내지 천상의天象儀의 문제가 이처럼 정치에 새롭게 개입한다는 사실을 공유하려 할 때 가장 곤혹스러운 건, 내가 말을 건네고픈 사람들이 숨 쉴 공기를 나 자신이 박탈하는 것 같은, 마치 코로나 바이러스에 감염된 중환자의 호흡 보조기를 내가 차단하기라도 하는 듯한 기분이 든다는 점이다. 모든 종류의 근대적 감정들은 여태까지 자기 자신을 추출해 내고, 꺼내고, 해방시키고, 허파 가득히 호흡하라고 장려해 왔는데 하루아침에 갑자기, 이 변동으로 인해, 숨이 다 막히는 느낌이니까. 그러나 또 얼마간의 시간이 지나고 나자, 우리는 스스로 한결 편안히 숨 쉬고 있음을 깨닫는다.

종교를 가진 이들의 경우 신앙의 표출을 일시 유보하게 된 만큼 이 상황이 더욱더 힘들다. 한편으로, 그들은 다른 곳으로 갈 수 있기에 앞서 잠시 동안만 이 눈물의 계곡에 살기를 받아들인 이들이었다. 그러나 또 다른 한편으로, 격리는 결정적이며 따라서 이제 다른 곳, 또는 경배의 비유를 써 '**하늘나라**로 au Ciel' 가는 건 더 이상 입에 올릴 문제가 아니라는 감정이 솟는다. 그리고 그 감정이 마침내 '여기 이 낮은 곳ici-bas'에 그에 합당한 자격을, 똑같이 결정적으로 제공한다. 한편으로 그들은 이 행위가 자신들의 소망 전체를 저버리는 것이라 느낀다. 다른 한편으로는 이것이야말로 자신들의 소망이 드디어 현실화되기 위한 조건 그 자체라고 느낀다. 그도 그럴 것이, 세계 바깥으로 도망쳐야만 한다면 인간으로 육화한 신의 강생 incarnation에 대체 어떤 의미를 부여할 수 있겠는가?

물론, 이 '높은 곳'이 레이저를 들고 등방성等方性의 공간 — 그 유명한 직교좌표계 공간 — 안을 움직이면서 측정할 수 있는 어떤 **고도**altitude를 의미한 적은 결코 없음을 모든 신앙인들이 잘 안다. 예전에 자신의 시선과 희망과 소망을 '**하늘나라**로 향했던' 신자들은 거리를 킬로미터가 아니라 가치에 의해 측정했다. 금빛 후광을 두른 비잔틴 이콘icône의 상부는 아주 '높은 곳에' 있는데, 그것은 어두운 색들로 나타내어진 가련한 죄인들의 자리인 '여기 이 낮은 곳'과 가장 뚜렷한 대비를 이루기 위함이었다. 그렇다, 이 대비는 좀 더 나중에 사람들이 스스로를 근대인이라 자처하게 될 즈음이면 하늘 — sky — 이라 불리게 될 것을 다시 재단해 내지만, 그러나 그것 전의 저 **하늘나라** — Heaven — 에는 어느 모로 봐도 우리가 (지구 행성에 사는 이들에게는 퍽 유감이게도 기업가 일론 머스크를 화성으로 실어 날라야 하는 로켓처럼…) 정말로 본격적으로 공중으로 치솟아 떠나가야 한다는 의미는 들어 있지 않다. 성모님의 영혼이 그 아드님의 영접을 받아 이콘의 높은 곳으로 떠나갈 때, 그분은 바보같이 공간을 가로질러 상승한 게 아니라 스스로 변화를 겪음으로써 **하늘나라**로 간 것이었다.

다만 태고 이래로, 그리고 여러 방식에 의해 모든 게 복잡해졌으니 문제다. 17세기 이후로, 우주를 위해 상상된 온갖 공간 이동의 형태들이 점차적으로 **지구**에 유입됨으로써, 결과적으로 그때까지 '여기 이 낮은 곳'이라 불렸던 것의 의미는 이해할 수 없게 되고 말았다. 전에 그것은 지구생활적인 것의 오래된, 말하자면 첫 조상 격인 형태였고, 고대의 퓌시스와 연결되어 있었으며, 격리와 빈곤, 한계, 병, 애통하게 여겨야 할 죽음과 주의를 기울여 돌봐야만 하는 삶을 강력히 느끼게 했었다. 그리고 그 점이 평화와 보상과 구원으로서 저 세상을 향한 비상을 정당화했었다. 낮은 곳과 높은 곳 간의 대비에는 일말의 의미가 존재했다.

그러나, 그에 이어 여기 이 낮은 곳은 '물질matière'이 되었다. 물론 그로부터 모든 생성의 염려가 원칙적으로 축출된 이상, 이 '물질'에 물질적인 건 없었다. 그 점이 이 '확장된 것' — *res extensa* — 이라는 착상이 지닌 일체의 기이함인바, 이 착상은 세계의 대상들의 작동을 규정하기 위해 그 맞은편에 '생각하는 것' — *res cogitans* — 을 놓는다는 더한층 이상한 생각을 동원한다.* 사방에 이 '확장된 것'을 펼치려는 온갖 노력에도 불구하고, 경험에 그토록 반대되는 그런 이분법에 의거해서 삶을 산 이는 분명 아무도 없다. 그럼에도 어쨌든 '물질'에 대한 이 추상적인 생각은 새로운 노력 없이도 이리저리 이동할 수 있을 것 같은 인상을 제공함으로써, 결과적으로 모든 불쌍한 죄인들의 소망이 향해 가는 그 **하늘나라**의 위치를 잡는 걸 불가능하게 만들고 말았다. 우리는 늘 공중을 바라보았지만 하늘은 이미 텅 비워져 있었다. 비운의 성모의 승천은 이제 금과 천사들의 홍수 속에 천국을 향한 가치의 전송transfert de valeur을 통해서 이뤄지는 대신, 푸토들putti**과 적란운을 타고 공간을 거치는 이전translation에 의해 실행됐다. 그렇다고 해서 이 서투른 착상의 우주선에 본격적으로 이동하는 능력이 조금이라도 부여된 건 아니었지만 말이다.

이 일종의 로켓 발사에 거듭 되풀이된 실패는 결과적으로 18세기부터 신자들에 의한 '영적spirituel' 세계의 발명으로 이어졌고, 그들은 그 세계가 높은 곳보다 더 높은 곳에, 어떤 경우에도 '물질적' 세계보다 아주 높은 곳에 위치한다고 주장했다. 그곳에서 그들, 성스러운 형상들이 비로소 마음대로 이동하는 즐거움을 누리리라는 것이었다. 그리고 '물질 세계'라는 상대적으로 더 어두운 층 위에 맑게, 수평의 층처럼 위치하는 이 상위의 '영적 세계'에서 '삶 이후의' 후속담이 펼쳐지는 것으로 간주되었다. 표면상 그것은 격리의 끝이다. 마침내 열리는, 적어도 수의에 싸인 망자들을 위한 출구가 거기 있다.

이 발명은 그리 큰 위험이 아닐 수도 있었으리라. 그건 그저 성당의 성소들을 무미건조한 프레스코화와 태 부린 석고상들로 뒤덮게 하는 선에서 그칠 수도 있었으리라. 물질적인 것과 영적인 것을 구분하는 이 분할이 세속화laïcisé되지만 않았더라면 말이다. 종교적인 감정은 이런 저런 광기의 발작을 촉발할 수 있지만 속화된 종교는 아예 영구히 미치게 만든다. 그

* 데카르트의 이원적 존재론에서, 한편에는 사유와 확장되지 않음을 특징으로 하는 정신적 물질 *res cogitant*이, 다른 편에는 연장, 즉 확장되는 것을 본질로 하는 *res extensa*가 있는 것으로 정의된다.

** '푸티putti'는 '푸토putto'의 복수형이다. 푸토는 이탈리아 회화에서 사랑을 상징하는 나체의 소년을 말한다.

리고 그것이 실제로 일어난 일이다. '물질적' 세계에서 벗어나 '영적' 세계로 향하는 도피에서는 민중을 둔화시키기 위해 사제들이 정제해 만든 아편의 냄새가 아직껏 지나치게 강하게 풍겼다. 그렇다면 '물질적' 세계에서 벗어나 외견상 재물질화된rematérialisé '영적' 세계로 향한 도피의 경우는 어땠나. 거기서는 이제 실증적 가치들만이, 즉 예의 죄인들을 이후로는 진보, 미래, 자유, 풍요와 같은 **하늘나라**Heaven의 새로운 형상들을 향해 — 이제 그것들은 하늘sky의 형상들과 융합된다 — 열광시킬 수 있는 그 가치들만이 눈에 띄었을 따름이다. 진보가 실천적이고, 현실주의적이고, 경험적인 것처럼 비친 이상 그 형상들은 어디까지나 하늘에 속한 것이었다. 그러나 그것들은 **하늘나라**에 관련해서도 신자들이 오랫동안 지켜 온 단호한 가치를 간직했으니, 바로 결정적이고 절대적인 어떤 것에 도달한다는 일이 그것이었다. 버터와 버터 판 돈.* 그 혼합은 당연히 안정적일 수 없었지만 그럼에도 어느 시기 동안에는 불가항력적인 매력으로 비쳤다. 여전히 천국Paradis을 추구하되, 지상에서 그러자는 식으로.

다만 우리는 이 '지상'을 괴로움 속에 감지하는데, 이것은 전혀 — 지구생활자들의 관점으로 — '**지구** 위에서'라는 뜻이 아니다. 위를 향해 오르던 상상적 세계를 다시 아래로 끌어내

* 버터를 가지고 있으려면 그걸 팔아서 얻는 돈은 가질 수 없다. 즉 양립할 수 없는 두 사실을 이르는 숙어.

리면서, 맙소사, 다시 더욱더 상상적인 세계로 떨어져 버린 것이다. 격리의 효력이 가장 고통스럽게 감지되면서 모든 머리를, 심지어 가장 고결하고 이상주의적인 머리들마저 뒤흔들어 충격을 주는 지점이 바로 거기다. 과거에는 **근대인들**이 사제들을 끊임없이 조롱하며, 후자들이 상상적인 '다른 세계'의 약속으로 대중 집단을 둔화시켜 여기 이 낮은 곳의 물질적 세계에서 **행동하지 않도록**n'agissent pas 만든다고 비판했다. 반면, 이제는 이들, 지구생활자들이 이 근대인들을 향해 당신들의 '다른 세계'에 대한 약속이 대중 집단을 우매하게 만든다고 비웃을 차례다. 그 약속이 스스로를 한층 더 확실하게 둔화시키면서 **지구** 귀환을, 즉 착륙을 불가능하게 만들고 있음을, 대중들이 차츰 — 때마침 격리 덕분에 — 깨닫는 마당이니까. 천국을 향한 호소가 민중들이 행동하는 것을 방해했다면, 실현 불가능한 지상 낙원은 다시 '그것으로부터 나가기 위한' 모든 형태의 행위를 마비시키기에 이르렀다. 이 전체 과정에서 유일하게 보존 유지된 건 무엇이었나, 바로 대중들에게 점점 더 많은 분량의 아편을 피우라고 부추김으로써 그들을 잠재우는 능력이다….

그런데, 무엇으로부터 '자신을 나가게' 해야 한다는 걸까? 우리, 다시 말해 격리된 자들이자 지구생활자들이 내리는 역설적인 대답은 이것이다. 물질적인 데라곤 거의 없는 이 물질로부터 스스로를 완전히 나가게 해야 한다. 그래서 어디로 가려는 거냐고? 이런, 자기 집으로 되돌아가는 거다, 우리가 있는 그곳, 그로부터 우리가 한번도 나온 적 없는 그곳으로. 종교인들로 하여금 길을 잃고 물질적인 것 너머의 영적 세계로 향하게끔 만들었던 오해. 이어 세속화된 종교인들로 하여금 (종교적인 것만 빼고!) 영적인 것의 모든 특질을 지녔다고 믿긴 물질적 세계로 향하도록 만들었던 오해. 그 오해는 그들이 우주 속에서 일어나는 사물들의 이동과 **지구**와 함께하는 생명체들의 생성을 혼동한 데서 유래한다. 자칫 '물질적인' 세계가 저 유명한 '확장된 것', 즉 *res extensa*로 형성된 것이라고 생각할 수 있는데, 사실 '확장된 것'은 '현장적으로' 만질 수 있는 구체적인 존재existence palpable를 가지지 않는다. '확장된 것'은 멀리 떨어져 있는 것을 하나의 격자 위에 자리매김하는 데 쓰이는 편리한 도구다. 주어진 데이터들을 직교좌표계가 그은 칸들 속에 정렬ranger하도록, 그러나 오로지 '원격 작업'을 통해 그렇게 하도록 해 주는 방편이기 때문이다. 이러고 나니 소위 '활기 없는 것들'을 구성하는 것으로서 '물질'이라는, 이 닳지도 않는 개념은 이제 이런 것으로 비친다. 변경 요새 지대 너머에서 펼쳐졌던 사물들에 대한 원격 추적과 그것을 묘사하는 데 쓰이는 조작 방식이 구별 없이 뭉뚱그려진 아말감, 그건 마치 영토와 지도를 혼동하고 만 꼴이다.

반면, 이쪽, 새로운 여기 이 낮은 곳, 달 아래sublunaire의 세계에서 우리 지구생활자들은 고유한 의미의 '물질'을 조우하는 것도, '활기 없는 것들'을 마주치는 것도 아니다. 우리에게 일어나는 일은 오로지 한편의 생명체들이 다른 편의 생명체들 — 땅, 하늘, 대양, 공기도 이에 포함된다 — 과 더불어 고정하고, 일으키고, 유지하고, 감싸고, 포개고, 융합하는 벽감들, 기포, 둥근 포위망enceinte들을 교란하고 강화하고 복잡하게 하는 일뿐이다. 이런 의미에서 우리의 세계 경험은 '물질적'이지 않다. '영적'이지도 않다. 우리의 경험은 다른 신체들과 함께 이루는 구성composition에 속한다. 이 다른 신체들의 범위에는 멀리 떨어져 있는 것들의 영상화된 지식도 추가해야 하지만, 단 그럴 때 구성은 어디까지나 인공위성을 타고 제 집 바깥으로 오를 수 없는 상태에서 이뤄진다.

맞는 말이다. 이 이야기를 쇄신하려면 우리에게는 곡예사와 같은 유연함이 요구된다. 탈출하려면 '바깥'으로 나간다는 생각에서 나와야 하고, 따라서 남기로, 심지어 안으로 나가기로 sortir dedans 결심을 해야 하는 것이다! 그렇다고 해서 그 말이 우리가 절망하고 더 나은 방법을 찾지 못해서, 마치 결정적으로 탈옥할 능력이 없어 체념하고 독거감방으로 되돌아오는 죄수들마냥, 옛 물질적 세계의(즉 옛 근대 세계의) 비좁은 끝자락으로 되돌아온다는 뜻은 아니다. 임계영역을 측정하는 법을 배우는 것은 뒤로 후퇴하는 일도, 예전의 여기 이 아래로 돌아오는 일도 아니다. 근대인들이 그로부터 최대치의 수익을 끌어내려 한 동시에 경멸하면서 그와 다른 곳으로 달아나려 했던, 그 물질적 세계로 돌아가는 것도 아니다. 우린 이제 도망칠 수 없다. 그러나 같은 장소를 다른 방식으로 살 수는 있다. 바로, 이 곡예의 전체가 안나 칭*이라면 같은 장소에 자신을 다르게

* Anna Tsing(1952~). 미 인류학자. 인류세, 세계화, 페미니즘 등과 관련된 연구로 헉슬리 기념 메달, 구겐하임 펠로우십 등을 수상했다. 저서 『세계 끝

자리매김하는se situer autrement 새로운 방식들이라 부를 것에 기반하도록 하는 것이다. 더구나 그렇게 하는 건 격리의 경험을 이해하는 가장 좋은 방식이 아닌가? 모두가 각기 자기 집에서, 그러나 다른 방식으로 살기 시작한 것이다.

그것은 또한 지구생활자들의 경험이기도 하다. 너는 하늘을 바라볼 때 더 이상 그것에서, 네 조상처럼, 여기 아래쪽의 비참한 삶에 위안이 될 신의 소재지를 보지 않지. 거기서, 네가 스스로 근대인이라 믿었던 시절처럼, 킬로미터 단위로 거리를 잴 수 있을 단순한 고도를 보는 것도 아니다. 넌 그것을 다형적인 수많은 행위역량들의 몇천 년에 걸린 행위가 그 자리에 계속 지탱시키는 둥근 포위망의 궁륭처럼 여기지 않을 수 없다. 네게 이제 그 대기권의 경계는 학생용 막대자로 측정할 수 있는 들보 한 개의 경계와 전혀 다를 수밖에 없다. 들보의 경계는 다른 들보들, 다른 자들로 무한히ad infinitum 연장해 나갈 수 있을 거다. 하지만 대기권의 경계는 어느 행위 하나의 변경邊境으로서, 개미 눈에 비친 개미집의 겉 표면과 동일한 종류의 경계를 가진다. 그것을 확장할 수는 있다. 그렇다. 하지만 자로는 전혀 그럴 수 없다. 그 확장은 오로지 노동의 착수에 의해, 새로운 개미 떼의 동원과 유지에 의해서만, 그리고 그와 같은 팽창의 조건들이 순조로울 때에만 가능하다. 지구생활자들 위

에 있는 버섯: 자본주의 폐허에서 삶의 가능성에 관하여*The Mushroom at the End of the World: On the Possibility of Life in Capitalist Ruins*』(2015)에서 엿볼 수 있듯 비인간 주체들과 더불어 폐허에서 사는 법을 모색한다.

의 하늘은 과거처럼 '확장된 것'의 하늘이 아니라, 행위를 통해서 제 자리에 지탱되며 내부와 외부를 생산할 수 있도록 계속 유지되어야만 하는 하나의 막이다. 들보와 개미집에서 유한성finitude의 의미는 동일하지 않다.

안타깝게도 우리, 격리된 자들에게 이런 논의는 이미 친숙해졌다. 가령 어제도 또 그랬듯, 각종 기후 대책이 존재하는 이래로 지난 십 년이 가장 더웠다는 소식이 전달될 때마다 일상적으로 겪지 않을 수 없는 게 그 같은 논의이니 말이다. 그리고 바로 그 지점에서 지구생활자들은 달-위와 달-아래의 차이를 가장 고통스럽게 실감한다. 갈릴레오 이후로 그 차이에서 '해방되었다'고 믿었는데, 그러나 의심할 나위 없이 그것이 되돌아온 것이다. 우린 그 내부에서 우리가 거주하는 공기 거품의 온도 조절이 우리 자신의 행위에 달려 있다는 사실을 잘 안다. 진정한 격리란 바로 이것, 우리가 무심결에 우리 자신에게 집단적으로 선택해 준 이 운명이다.

자꾸 되풀이되는 가뭄에 유감을 느낀 우리가 "대체 여기서 어떻게 벗어나지?"라고 부르짖는다면, 그 대답은 다음과 같다. 우리는 여기서 벗어날 수 없을 것이다. 이 온도, 이 대기, 그리고 예전엔 우리가 돌볼 필요 없이 그저 '그 안에' 우리 자신을 들보처럼 '자리매김하기'만 하면 되는 단순한 '환경'으로 보였던 공생체les commensaux들의 증식을, 마치 아틀라스가 그러듯이, 우리 등에 짊어지겠다고 받아들이는 수밖에 없다. 벌레-되기란 딴 게 아니다, 바로 그것이다. 변신이란 바로 그것이다. 그리고 그것이 옛날의 자유, 즉 격리 이전의 자유에서 일시에 해방된 우리의 새로운 자유다. 더 이상 무한한 외부는 존재하지 않는다는 사실을 너는 완벽하게 이해하며, 따라서 이후로 하늘을 바라볼 때면 네 눈엔 긴급히 완수해야 할, 하지만 네가 끊임없이 내일로 미루는 (달의 모습이 오늘 너를 그토록 진정시켜 주는 이유가 이걸로 설명이 된다…) 임무가 보인다. 당신들, 싫다고 투덜거려도 할 수 없다. 음산한 랜드 부인의 상상에서 태어난 기업가들이 내다 버리겠다고 우긴 그 짐을 이제 자신의 등에 짊어지고 버텨야 할 차례라는 걸 당신들은 잘 알고 있다.

믿는 이들이 볼 때 — 그런데 관건은 더 이상 '믿지' 않는다는 사실에 있다 — 이제 모든 건 전과 동일하되 더 이상 근대와 똑같은 의미로 '물질적'이지는 않은 이 세계를 다르게 사는 능력에 달렸다. 신자들은 '영적인' 것으로부터, 또 하늘을 바라보며 세계 바깥으로 도망쳐야 할 의무로부터 놓여났으니, 이는 프란치스코 교황이 그들을 위해 붙드는 기회에 다름 아니다.* 곤경을 회피하려는 술책 형태의 구원에서 해방된 이들 신자들에게 요구되는 임무는 그간 종교가 약간 고지식하게, 그리고 점점 더 그릇되게도 여기 이 낮은 곳과 대비되는 '높은 곳'으로서 구상했던 가치를 재투자하는 일이다. 동일한 대비를 전과 다른 이미지, 다른 예식, 다른 기도 속으로 옮겨 와 다듬고 조탁할, 또 다른 형상들에 힘입어서 말이다. 이제 문제의 핵심은 위와 아래 또는 물질적인 것과 영적인 것이 아닌, 땅 위의 삶la vie sur terre과 **지구**와 함께하는 삶la vie *avec* Terre 사이의 긴장이라고 할까? 또는, 궁극목적성finalité과 절대라는 요구사항은 동일하지만 그것을 이야기하는 형태들은 전적으로 달라졌다고 할까? 어떻게 설명하건, 두려움과 떨림 속에 과거의 형상들 속에 깃들어 있던 의미를 마침내 제대로 이해할 수 있도록 해 주는 바는 그런 것이다. 그리고 많은 이들이 이를 위한 시도에 착수하고 있다. 이 시도에는 신중함과 수완이 요구되지만, 그럼에도 이를 희망하는 일은 반드시 필요하다. 강생의 형상은 곧 착륙의 형상과 공명하므로. 또는, '경계'를 의미하는 그리스어는 '*eschaton*'이며, 따라서 그 점에 착안하여 종말론 eschatologie의, 바꿔 말해 세계의 유한성으로서 끝fin과 궁극목적성의 또 다른 형상들을 천착해야만 하므로. "주님의 영을 보내시어 땅의 표면을 새롭게 하소서Envoie ton esprit qui renouvelle la face de la terre"라고 시편 103장 30절**은 말한다. 그런데 **지구**가 없다면 신의 입김이 무슨 의미랴?

* 2015년 9월 1일에 발표된 프란치스코 교황의 회칙 〈찬미 받으소서Laudato si'〉에 관련된 언급. 이 회칙은 공동의 집 지구를 돌보는 일을 주제로 채택해, 인간중심주의가 초래한 생태 위기를 회개하고 반성과 돌봄의 실천을 촉구한다. 프란치스코 교황이 주제 선정에서 집필과 발표에 이르는 모든 과정을 주도한 첫 번째 회칙이다. 라투르는 자신의 학문적 여정을 신학에서부터 시작했으며, 실제 가톨릭교도로서 사유를 실천하는, 현대 프랑스의 풍토로서는 드문 지식인 중 한 사람이다.

** 옛 라틴어 불가타 성경 클레멘티누스 판의 프랑스어 번역본을 기준으로 한 인용. 영문 번역 두에-랭스douay-Rheims 판이나 CPDV 성경에서는 같은 서지로 해당 구절 "Thou shalt send forth thy spirit, and they shall be created: and thou shalt renew the face of the earth.(Emittes spiritum tuum, et creabuntur; et renovabis faciem terrae.)"을 확인할 수 있고, 그 외 판본으로는 시편 104장 30절을 참조해야 한다. 더 정확히 말하면, 라투르는 성경 원 시구가 아니라 그것을 다소 변형해 만든 전례 성가의 구절을 끌어왔다.

나는 각종 종교의 유해한 힘으로부터 스스로를 지키는 데는 그것들의 원천적 가치로 돌아가는 편이 그것들을 세속화시키는 것보다 나은 방법임을 깨달았다. 후자는 늘 가치와 그 가치를 표현하는 잠정적 형상을 연결하는 끈을 놓치고 문자와 영을 같은 것으로 혼동하는 길로 이르기 때문이다. 구원에 관한 한 종교들을 그것들의 운명에 내버려 두면 안 된다고 본다. 결정적으로 세계 밖으로 나가려는 명백한 도주 계획에 따라 종교적인 종교와 세속화된 종교가 '신'과 '달러', '하느님'과 '맘몬Mammon*'을 합쳐 만들어 낸, 그 극단적인 판본에 우리 지구생활자들이 노출되어 있기 때문이다. 그 계획은 가능한 한 최대량의 자원 파괴를 합법적으로 만드는 동시에, 최대수의 나머지 존재들, 즉 뒤처져 남은 이들을 각자도생하도록 방치하는 결과를 낳는다. 세계의 끝 — 그들의 세계의 끝 — 은 그들 수중에서 무시무시한 양상을 띨 위험이 있는 것이다. 지상낙원의 비상구가 사라지는 광경이 유발하는 격분은 격리를 피하기 위해선 무엇이든 서슴지 않으려는 추세를 위험 수준으로 치닫게 할 수 있다. 기후 변동에 대한 부정은 불길하고 위험하게 보인다. 그와 반대로, 세계 밖으로 달아나려는 세속화된 종교들과 마땅히 하직해야 할 때가 왔을 때 그로부터 과감히 풀려날 줄 아는 격정은 정념의 현명한 판본, 거의 온화하다 싶은 판본으로 여겨지게 될 것이다. 곧 그렇게 되리라.

* 시리아의 황금신. 악의 근원이자 우상으로서 부와 재물.

7.
경제가 다시 표면으로 떠오르도록 놔두기

카프카는 우리에게 이렇게 이야기했다. 벌레가 된 그레고르는 고작 자기가 탈 기차를 두 시간 놓쳤을 뿐인데, 노기등등한 사장은 이미 제 직원의 태만에 분노해서 '지배인'을 보내 잠자네 집 문을 두드리게 했다고. 팬데믹으로 격리된 자들도 이와 동일한 상황을 어마어마한 층위에서 겪었다. 몇 주 사이에, 그때까지 우리가 '**경제**Économie'라고 대문자로 표시해 불렀으며 평범한 사람들이 '자신들의 세계'라고 일컫는 바와 동일시되던 어떤 것이 단번에 멈췄다. 긴박, 정지, 서스펜스. 이 '세계의 정지'로 말미암아 우린 모두 전 인류의 행위를 반박의 여지없이 정의하려는 포부에 균열이 생기는 것을, 그래서 더 이상 **경제**, 즉 일련의 산술들의 어마어마한 증폭을 소문자로 표기되는 경제학économie, 즉 회계 및 절약과 관련되며 때로 매우 존경받을 만한 예측가들에 의해 실행되는 박식한 학문과 혼동할 수 없음을 느꼈다. 제 무성한 발들 때문에 지장을 받게 된 그레고르처럼, 행성 거주자들은 너나 할 것 없이 두 팔이 무력하게 건들거리는 자신의 모습을 발견했다. 어떻게 한다? 아주 평범한 가정에서조차 이것은 가치들의 근본적인 전도와 같았던바, 위쪽의 것이 아래로 내려갔고, 아래에 있던 것이 위로 올라갔다.

하나의 혁명, 단 매우 특정한 종류의 혁명이라고 할 수 있겠다. 마치 인위적으로 물속에 지탱시켜 두었던 나무 들보를 놓쳐 돌연 그것이 표면으로 떠오르기라도 한 듯, 여태까지 실제 삶의 반박할 수 없는 토대라 여겨졌던 **경제**가 위쪽으로 다시 올라온 양상이다. 두둥실 아무 어려움도 없이, 근대적인 삶의 저 더할 나위 없이 유명한 '하부구조'가 표면적인 것으로 나타나고 만 것이다. 그리고 그와 나란하게, 미처 예상치 못했던 대체에 의해, 상식 있는 이들이 이제껏 완전히 무시해도 좋을 상부구조superstructure라 여겼던 것, 즉 생성의 염려와 존속의 문제가 아래로 미끄러져 심층으로 스며든 것이다. 불과 몇 달 사이에 **경제**는 '우리 시대의 넘을 수 없는 지평선'이기를 멈췄다.

그로부터, 모든 격리된 자들의 문 앞마다 그들이 '다시 노동에 착수'하고 '재개에 박차를 가하도록' 만들려는 저 분노한 '지배인들'의 소란이 벌어졌다. 그러나 이어진 혼돈 속에서, 또 심지어 눈앞에 펼쳐지는 행성의 위기를 겪으면서 우리는 이제 우리 마음이 그런 것에서 떠났음을 느낀다. 그리고 사태를 그런 식으로 바라보는 관점이 얼마나 피상적인지를 대중들 스스로 순식간에 확실히 이해했다는 사실을 저 모든 '지배인들'은 결코 잊게 만들 수 없음을 감지한다. 이번 경우에 문제의 핵심은 단지 '경제 체계'를 개선하고, 바꾸고, 녹색으로 만들거나 혁명을 일으키는 것이 아니라, 완전히 **경제**라는 것 없이 지내는 se passer tout à fait de l'Économie 데 있다. 지구생활자들의 마음을 끊임없이 기쁘게 하는 역설에 의해, 팬데믹 국면은 봉쇄된 자들의 영을 해방시키고 그들을 그간 갇혀 있던 '경제 법칙'의 '철창' 속 오랜 유폐로부터 잠시나마 벗어나게 하는 결과를 가져왔다. 나쁜 해방으로부터 해방되는 경우가 하나 있다면, 이번 일이 바로 그에 해당한다.

난 미셸 칼롱*에게서 다음과 같은 사실을 배웠다. 이 같은 관계 양식의 자명성에 대한 믿음은 생명의 형태들을 그것들이 일찍이 거주하지 않았던 세계 속으로 이전시키는 방식을 통해서만 확산될 수 있다는 것이다. 문제는 역시 '현장적으로' 살아가는 일과 '온라인상으로' 접근하는 일 사이의 차이다. **경제**는 실제로 이런 기이한 점을 가진다. 즉, 그것은 가장 평범하고 가장 중요하며 우리의 일상적 관심사에 가장 가까운 일들을 다루면서도 마치 그것들이 최대한 멀리 떨어져 있다는 듯이, 그래서 그것들이 우리 없이, 말하자면 시리우스Sirius에서 포착되어 전적으로 무사무욕하게 — '과학적'이라는 형용사가 이따금 여기에 쓰이는 말이다 — 전개되는 사안인 것마냥 취급하려 든다. 그것은 변경 요새 지대의 안쪽이 아니라 그 너머에서 진행된다. 사람들이 오래전부터 아는 사실이지만, **호모 에코노미쿠스**homo œconomicus에는 천부적인 것, 자연적인 것, 또는 토착민적인 것이라고는 없다. 그리하여 고유한 의미에서 호모 에코노미쿠스는 위쪽으로부터, 그렇다, **머리를 거꾸로 한 채**top down 올 뿐, 결코 일상적이고 실용적이며 **철두철미하게 밑에서부터 시작하는**from the ground up 경험으로부터, 생명의 형태들이 다른 생명의 형태들과 유지하는 관계들로부터 오지 않는다. **경제**는 우리가 지구생활자들의 생성 양식le mode

* Michel Callon(1946~). 사회학자. 흔히 브뤼노 라투르, 존 로John Law와 함께 ANT(행위자-연결망 이론)의 창시자 중 한 사람으로 간주된다.

d'engendrement des terrestres을 단순화하기 위해 사물들의 이동 양식le mode de déplacement des choses을 도입하기로 하는 순간에만 하나의 원동력처럼 나타난다.

경제가 확산되기 위해서, 그리고 그것이 지상에 가능한 전 존재의 토대로서 심층에서 유지되기 위해서는 하부구조의 제작이라는 엄청난 작업이 필요하다. 그처럼 난폭한 식민화에 대항해 가장 평범한 경험이 반격적으로 행사하는 집요한 저항을 누르고 **경제**가 저 자신의 자명성을 부과할 수 있게 되기까지에는 말이다. **경제**는 결국 '심층에서' 작용하기에 이르겠지만, 그러나 그것이 그렇게 되는 방식은 토대로 삼을 커다란 콘크리트 기둥을 거대한 항타기杭打機로 강제로 두드려 박는 것과 흡사하리라. 도널드 매켄지*는 이런 문제를 꾸준히 탐구해왔다. 그에 의하면 상업 학교, 회계사, 법률가, 엑셀 도표 없이는, 공적인 것과 사적인 것 간의 업무 분류를 위한 국가들의 지속적인 작업 없이는, 랜드 부인의 소설들 없이는, 새로운 알고리즘의 발명을 통한 지속적인 조련dressage 없이는, 각종 소유권에 대한 포맷 작업 없이는, 각종 미디어의 끊임없는 환기 없이는, '서로에게 아무것도 빚지지 않고' 다른 모든 이들을 일종의 '이방인'으로 여기며 모든 생명의 형태를 '자원으로' 간주할 수 있을 만큼 충분히 근본적이고, 충분히 지속되고, 충분히 일관적인 이기주의의 행사가 가능한 '개인들'을 결코 아무도 발

* Donald Angus MacKenzie(1950~). 에든버러대학교 사회학 교수. 과학기술 분야 및 금융, 통계 관련 연구에서 주요 업적을 냈다.

명해 내지 못했으리라는 것이다. 천부적이며 최우선적인 **경제**라는 자명성 뒤에는, 칼롱식으로 설명하자면, 3세기에 걸친 경제화 과정이 있다. 능히 짐작할 수 있다시피, 이 선결적인 매장埋葬은 극도의 폭력을 요구하며, 따라서 그 거대한 지지支持 계획에 조금이라도 중단이 발생하면 즉각 다음과 같은 깨달음이 촉발되리라. "한데 우리가 지금 거주하는 곳에서 떠나지 말란 법이 있는가?" '지배인들'을 공포로 몰아넣는 게 무엇이냐, 바로 지구생활자들은 **경제**를 떠남으로써 실은 자신들의 집으로 귀환할 따름이며 그럼으로써 일상의 평범한 경험으로 되돌아온다는, 그 사실이다. 그러니까 우리를 그렇게 세 달 동안 멈춤 상태로 두면서 갈수록 확장되기만 할 뿐인 글로벌 위기 상태에 빠뜨려서는 안 되는 거였는데.

격리에 의해 이 행성 간 전좌translocation interplanétaire에서 해방된 지구생활자들은, 이렇게 해서 생성의 염려가 행위의 흐름들을 끊임없이 복잡하게 만들고 있음을 새롭게 깨달을 권리를 회복한다. 우리 모두는 우리가 기대어 살아가는 행위역량들이 제각기 하나의 단절을 추가하고, 어쩔 수 없이 우회하도록 하고, 계산을 복잡하게 만들고, 논쟁을 개진하고, 세심한 조심성을 들여오고, 발명을 요구하고, 가치들의 새로운 배치를 강요한다는 사실을 재발견하리라. 그리고 우리 자신을 바로 이와 같은 종류의 염려들에 붙들어 매어야 한다는 사실을 재발견하리라. 문제의 핵심은 '내일의 세계'가 '이전의 세계'를 대체할지 여부가 아니라 표면의 세계가 마침내 일상적인 깊이의 세계에 제 자리를 양보할 수 있을 것인가를 아는 데 있다.

격리된 자들이 음미할 줄 알게 된 이 깊이가 상실되는 것을 막으려면 어떻게 해야 할까? 이 문제가 중요한 이유는, 우리 모두가 일순간 가석방된 것일 뿐 재차 어리석은 짓을 저지르면 또 다시 독거감방으로 돌아갈 위험을 안은 죄수나 다름없기 때문이다. 나는 재발을 막기 위한 해결책의 실마리를 두잔 카지크*에게서 얻었는데, 그에 의하면 해법은 어떤 주제에 대해서든 "경제적인 차원이 있다"라고 말하는 걸 **결코 용납하지 않는** 데 있다! 그러지 않고 거기 복종하게 되면 과연 한편에는 깊고 본질적이며 생명과 관련된 현실이 — 즉 경제적인 현실이 — 있으며, 그 반대편에 행여 시간이 난다면 어쩔 수 없이 고려해야 할 '다른 차원들' — 즉 사회적, 윤리적, 정치적인, 그러고도 여지가 남을 경우에 '생태학적인' 차원들 — 이 있다는 걸 암시하는 쪽으로 귀착하게 마련이라는 것이다…. 이와 같이 추론하는 건 **경제**라는 신기루에 하늘에서 떨어지는 권력을 쥐여 줌으로써 거기에다 그것이 원래 갖고 있지 않는 물질적 자명성을 부여하는 행위에 진배없다. **경제**는 행위의 흐름들 속에 존재하는 모든 단절을 감추기 위해 실제 경험적인 것들des pratiques 위로 덮어씌우는 베일과도 같다. **경제**, 이것 역시도 **자연**과 마찬가지로 감추기를 좋아한달 수밖에 없겠다….

카지크의 해법은 '경제적 차원'을 향한 호소를 늘 다음의 다른 질문으로 대체하는 데 있다. "당신은 왜 당신의 생성의 염려라는 문제를 해결하기 위해 **그런 식으로** 생명의 형태들을 배치하기로 결심한 겁니까?" 즉, 농업경영인 조합연맹 fédération nationale des syndicats d'exploitants agricoles이 소위 "프랑스의 사탕무 설탕 관련 사업을 살리기" 위함이라며 벌 떼를 죽이는 살충제를 재허용해 달라고 정부를 끈질기게 공략할 때, 이 문제에서 절대 선험적으로 '경제적 차원'을 찾아서는 안 된다. 후자의 표현이 의미하는 바가 그럼으로써 자동적으로 4만 개의 일자리 및 그에 달린 수십 억 유로를 구하게 될 것이리라는, 저 논의의 여지없는 수익 계산이라면 말이다. 생명 형태들에 대한 선결적 배치distribution가 있은즉, 그 형태들의 각각은 다음의 질문을 받을 자격이 있다. 왜 이 관련 사업을 구제해야 하는가, 왜 사탕무 설탕을 재배하는가, 왜 설탕인가, 왜 이와 같은 직업들인가, 왜 공동농업정책의 지원금인가, 왜 양봉가와 개양귀비가 그 값을 치러야 하는가, 왜 국가는 네오니코티노이드néonicotinoide**를 금지하기로 한 스스로의 결정을 재검토해야 하는가, 가뭄의 역할에 비교할 때 녹색 진딧물의 역할은 무엇인가? 이런 식으로. 특히나 굴복하지 않아야 할 유혹이 있다면 그건 이 모든 틈들을 매끈하게 메우면서 산술로 그것들을 대체해 버리는 일이다. 산술은 토론을 닫아 버릴 것이며, 무엇보다도 그것은 다른 곳에서, 다른 것들에 의해, 특히 이 현장에서 아주 멀리 떨어진 다른 것들을 위해 실행된 것이다. 이 말이 곧 우리가 사탕무 설탕을 매우 싫어하거나 사탕무 재배자

* Dusan Kazik. 2020년에 관련 주제로 박사 학위 논문을 낸 젊은 학자다(14장 참조).

** 네오니코티노이드는 니코틴계의 신경 자극성 살충제이다. 기존의 살충제보다는 독성이 덜하지만, 무척추동물과 조류에 큰 위험을 끼치고 특히 꿀벌의 떼죽음을 초래한다는 의혹을 받고 있다.

가 배를 곯게 해야 한다는 의미는 아니다. 논의 끝에 다른 대체제가 없다면 그땐 살포를 허가하는 편이 더 나으리라는 얘기도 아니다. 이 말은 이 같은 토론과 협상과 가치 평가의 직조에는 우리가 기본값인 것마냥 경제로 — 즉 이 사안의 표면적 양상들로 — 환원해야 할 그 어떤 것도 들어 있지 않다는 뜻이다. 이 상황에는 보다 깊은 어떤 것이 반드시 존재하며, 우린 그것을 헤아려 보아야 한다. 변경 요새 지대의 이편에 매끄러운 것이라고는 없다. 그러니 매번 그걸 감추는 베일을 들어 올리려 노력해야 한다.

이 말은 투덜대면서 **경제** 위편으로 여타의 '보다 고상하고', '보다 인간적이고', '보다 도덕적인' 또는 '보다 사회적인' 관심사들을 올려놓는다는 뜻이 아니다. 그와 반대로, 보다 현실주의자, 실용주의자, 물질주의자가 되어서 드디어 보다 낮은 곳으로 내려올 시기가 된 듯하다는 점을 분명히 강조한다는 뜻이다. 우린 경제학자들이 자신들의 산술을 자유 유통시키기 위해 발명한 **자연** 안에서 살지 않는다. 종교인들이 자신들의 신성한 형상들을 유통시키기 위해 '영적인 세계'를 발명했다면서 분노하는 일이 정당하다면, 고작 그 안에다 각종 알고리즘을 옮겨 놓는 편이성 때문에 '이상적인 물질적 세계'를 발명했다는 사실에는 그보다 한층 더 놀라는 게 맞는 일일 것이다 — 그것은 말하자면 모형자동차에 푹 빠진 은퇴한 철도 종사원들이 축소모형 클럽에서 기차들을 작동시킬 때 아무런 승객 이동이 없는 것과도 약간 비슷한 일이기 때문이다. 물론 타당하게도 경제학자들은 이러한 논의들을 열기 위해 설비를 다방면으로 복합화한다. 그러나 그들 도구의 어떤 것도 그 논의들의 끝맺음을 주장할 수 없다. 두잔의 말이 옳다. 핵심은 정치경제학을 새로이 비난하는 데 있는 게 아니라, 생명의 형태들이 서로 안에 유지하는 관계들의 설명서로서 그것을 완전히 버리는 데 있다. **경제**가 마법으로 정신을 호린다면, 그 마귀를 몰아내는 법을 배워야 한다.

하부구조의 역할을 행사할 수 있는 **경제**의 힘이 매우 일찍부터 도입된 그것의 병행 요소, 다시 말해 '자연 및 자연의 법칙들'의 작동에 의존한다는 사실을 파악하면 일은 한결 쉬워질 것으로 보인다. **경제**의 법칙들을 '**자연**'의 법칙들에 동화시켜 하부구조라는 그 놀라운 역할을 행사하도록 한다는 생각은 실제로 그러한 병행에서 유래했기 때문이다. 그런데, 우리 지구생활자들이 별로 걸려들 생각 없는 하나의 덫이 있다면, 그건 바로 이런 '**자연**'이 **지구** 위에sur la Terre 존재 가능한 한 어떤 영역을 가리킨다고 믿는 일이리라! 가이아가 불쑥 침입해 모든 사유의 습관을 가장 강하게 부식시키는 지점이 바로 거기다. 늑대들(다들 알고 있듯이, 이들은 인간에 대해 늑대다*), 벌 떼(그 전설적인 이기주의를 통해 공동의 복지에 협력한다), 기관organe들(각기 서로를 위해 스스로를 희생한다), 개미 떼(늘 근면하게 일한다), 양 떼(맹종한다), 바이러스들(근절해야 한다), 바퀴벌레 떼(잠자 가족을 질겁하게 만든다), 이런 식으로 원용해 본들 허사이리

* "L'homme est un loup pour l'homme(인간은 인간에 대해 늑대다)"라는 라틴 경구를 응용한 표현이다.

라. 흰개미 무리, 송아지들, 독수리며 돼지 들도 당연히 마찬가지다. 자신이 의존하는 자들과 관계를 수립함에서 지구생활자들에게 이런 상상적 행동들이 모델 구실을 할 수 있을 거라고 믿게 만들 수는 없을 터다. 이 모든 개체들은 무기영양생물이 아니며, 따라서 그들의 제반 행위는 다른 행위들과 끊임없이 범람하고, 유출되고, 중첩되고, 섞여서 급기야 수익의 정확한 계산을 불가능하게 만들 지경에 이른다는 단순한 이유 때문에 그러하다.

그 어떤 생명체도 정확히 산측하는 개인individu calculateur을 나타내는 엠블럼의 역할을 할 수 없다. **지구**는 제 어디에도 그런 개인을 두지 않는다. 생명체들은 하나같이 존속하려고 애쓰는 이상 모두 이기주의자에 타산가라고 할 수 있지만, 그럼에도 그중에서 제 수익을 **틀리지 않고** 계산할 수 있을 만큼 충분히 명료한 경계들 안에 묶여 있는 자는 아무도 없다. 인류를 **경제**의 '철창' 속에 가두는 일을 정당화하기 위해 진정으로 **지구**의 행위자들에게 도움을 호소하고 싶은가. 그렇다면 그 철창이 혼란의 원인들에 또 다른 혼란의 원인들을 쌓아 올리며 온갖 오류의 원천들로 범람하는 광경을 볼 채비를 해야 한다. 요컨대, 다량의 복잡화가 일어날 것을 예상하고 기다려야 한다. 생명체들을 향한 호소는 하나의 상황을 단순화하도록 허용한 적이 결코 없다. '**자연**에의 호소'가 가이아의 개입과 최대한 멀어지는 것이 이 지점이다. 격리의 경험을 받아들이는 것은 반박의 여지없는 자기동일성의 경계에서 드디어 해방되는 일이다. 아마도 유전자들은 스스로 무척 이기적이고 싶을지도 모른다. 그러나 그러기 위해선 무엇보다도 그것들에게 저 스스로 그 윤곽을 그려 보일 수 있을 하나의 **에고**가 따로 있어야만 하리라.

사람들은 **자연**과 땅 위의 삶의 경험 사이에 강제로 병행 관계를 부여하기 위해 무진 애를 썼는데, 이를 위해서는 한 차례 더 종교적인 관념, 즉 **창조**의 섭리적 질서라는 관념을 세속화sécularisér시켜야 했다. 계산 가능한 일관된 자연선택이라는 관념 덕분에 어떤 이들은 제가 시행하는 수익 계산이 타당성을 입증하는 정확한 자리에 각 생명체를 놓았고, 그럼으로써 '자연의 질서'라는 성스러운 개념을 간직할 수 있었다. **자연**에서 '짐승들'은 모름지기 섭리에 따라 생이라는 정글 속에서 가차 없이 싸우리라는 관점을 발명하고서야 인류는 스스로를 '짐승으로' 간주할 수 있었다. 정작 이 '짐승들'이 ― 또 정글도 역시 ― 그 외의 다른 염려도 많이 가지고 있었다는 사실은 제외하고서! '사회진화론darwinisme social'이라 불리는 이론은 박물학자들의 제반 발견을 '자연경제'의 숭고한 정돈 방식 안에 재도입하는 것을 목표로 삼았다. 그러나 그 바탕에는 종교적일 뿐이지 **지구적인** 것과는 전혀 관계없는 관념이 여전히 잔존했다. 불쌍한 인류는 각종 계산 장비를 갖췄음에도 불구하고 제 수익을 이기적으로 계산하는 데 그토록 애를 먹는다. 하물며 박테리아, 지의류, 나무, 고래나 진달래의 경우는 어떨지 상상해 보라. 홀로바이온트에게 출납명세서라는 건 존재하지 않는다.

그 이후로 일부 진화론자들은 만약 생명체들이 완벽하게

계산을 한다면 그것들은 결코 오래 살아남지 못하리라는 사실을 증명했다. 이는 그렇기 때문에 경쟁을 흐트러뜨려 협력으로 바꿔야 한다는 뜻이 아니다. 그건 그저 계산의 오류가, 우연에 의해, 아무런 섭리 없이, (다른 생명체들이 그 하류를 점령하고 있는) 거주적합성의 조건들을 창조해 내기에 이른다는 말일 뿐이다. 산소를 방출하는 예의 놀라운 박테리아*가 그럴 의사 없이도 다른 유기체에 새로운 해결책을 시험하도록 해 주었듯이. 알다시피 중국 남부 지역의 산림 벌채가 코로나19 바이러스에 '커다란 기회'를 열어 주었듯이. 갈수록 강렬해지는 태양광이며 빙하기, 운석과 화산에 버티기 위해 점점 더 굳건한 조건들을, 굳이 찾지 않고서도 점차로, 수억 년에 걸쳐 고안해 낼 수 있게 해 준 건 바로 이들 계산 오류이리라. 그로부터 거기 맞먹는 만큼의 포위망, 구, 막, 돔이 존재하는 것이며, 그것들의 내구성은 서로의 중첩과 연관 여하에 달려 있다. 이른바 외계인extraterrestre, 즉 이상적으로 이기적인 개인, 바꿔 말해 이 광대한 브리콜라주의 저항 능력을 궁지로 몰아넣을 그 특정 종류의 운석이 지속적으로 유입되는 걸 세심히 피한다는 조건하에 말이다. **경제**를 '정당화하는' 것을 허락하지 않는 절차들이 있다고 한다면, 존재 속에 영속하고자 가이아의 방식에서 빌어 오는 절차들이 바로 그에 해당하리라. '**자연**'은 오로지 외계인들에게만 논박의 여지없는 토대 역할을 할 수 있다.

어쨌거나 이상의 내용은 부정적 형식으로나마 스스로가 어디에 있는 것인지 제대로 갈피를 잡도록 해 준다. 즉, 우리 지구생활자들은 **경제**의 집에 거주한 적이 결코 없었다. 잠자 가족은 다음의 사실에 익숙해져야만 한다. 그레고르는 외판원이라는 제자리를 되찾아 가족의 생계를 짊어지려고 하지 않을 것이다. 아버지 잠자가 지팡이를 쳐들어 봤자, '지배인'이 송두리째 바퀴벌레가 된 그에게 해고당하고 싶지 않으면 일어나서 일하러 가는 편이 나을 것이라고 상기시켜 봤자 헛일일 터다. 그레고르는 움직이지 않겠다고 거절하리라. 우리는 결코 윤곽이 분명하게 한정된 개인들이 존재한다고 가정함으로써 우리의 관계들을 단순화시킬 수 없으리라. 서로가 서로의 옆에 독립된 토착민으로, 피차의 외부partes extra partes를 이루듯** 늘어서 있으며, 그 결과 서로 별개의 이방인들처럼, 피차 중첩되거나 간섭하지 않는 일종의 에일리언들처럼 존재한다고 자처하는 개인들이라니. 그러니 팬데믹의 경험을 찬양하자. 그것은 우리를 1미터씩 떼어 유지시킴으로써, 마스크를 쓰지 않을 수 없도록 만듦으로써, 우리로 하여금 따로 구분되는 개인이란 것이 얼마나 큰 환상인지를 이처럼 말 그대로 깨닫게 만든다.

격리가 밝혀 준 바가 열매를 맺을 수 있도록 하자. 이제 우리가 초-세계ultra-monde 속으로 이동해 갈 필요가 없는 만큼, 우린 여기 이 아래쪽의 어디에 거처를 정할지 다시 모색을 시작할 수 있다. 더 이상 멀리 떨어져서 관계들을 계산하면서 동

* 5장에 언급된 바닷말류를 말함.

** 직역하면 '각 부분이 다른 부분의 외부를 이루는'이라는 뜻의 라틴어 표현. 예컨대 데카르트에게서 '확장된 것'과 '몸'은 그와 같은 침투불가능성과 관계의 외부성에 의해 정의된다.

시에 그것들의 여러 결과로부터 안전하게 피해 있을 수 없는 이상, 명백하게도 우린 한쪽에서 얻은 걸 다른 쪽에서 잃는다. 그러나 만약 우리가 더 이상 계산할 수 없는 것, 그것을 앙상블로서, 그리고 무엇보다도 가까이에서 묘사décrire하는 법을 배운다면, 이 시도는 결코 헛되지 않으리라.

8.
하나의 영토를 제대로 된 방향에서à l'endroit* 묘사하기

봉쇄가 실시되는 동안 우리 각자는 일시적으로 멎어 버린 **경제**를 무엇이 대체할 수 있을지, 그 생각을 시작할 수밖에 없었다. 그로부터 우린 이런 질문을 스스로에게 던졌다. 어째서 이런 행위 또는 저런 행위를 여전히 행하는가, 어째서 그와 다른 행위를 제안하지 않는가, 우리가 이제는 멈추었으면 하는 행위들에 의존해 생계를 유지해 온 이들은 어떻게 해야 하는가, 우리 눈에 유익해 보이는 기업들을 어떻게 발전시킬 것인가. 조금이나마 그럴 여유가 되는 사람들은 자신을 위한 다른 물질적 기초를 마음 가는 대로 상상해 보기도 했다. 초기에만 해도 그것은 이 휴지기를 활용하기 위한 놀이 같은 것이었으나, 그다음에는 발상이 점점 더 진지해져서 마치, 굳이 정말로 그걸 바라지 않아도, 모든 게 '예전처럼' 재개되는 걸 막아 낼 수 있다는 듯한 양상을 띠어 갔다.

이상한 일이다, '이후의 세계'를 상상한 끝에, 격리된 자들은 갈수록 자신들이 아무 데나n'importe où가 아니라 어딘가에quelque part 거주한다는 인상을 갖게 되었다. 실제로, 예전에 그들은 이런 존속과 관련된 문제들에 거의 중요성을 부여하지

* 직역하면 '(뒤집지 말고) 겉이 바깥으로 향하도록'의 뜻.

않았었다. 또는, 어쨌거나 그 문제들은 다른 곳에서, 다른 이들에 의해, 그리고 특히 다른 이들을 위해 결정되는 듯 보였다. 우리 눈에 그것들은 일종의 어쩔 수 없는 필요, 유령 같은 자명성을 형성했고, 따라서 우리가 그 어떤 특정 장소에도 거주하지 않는 듯한 인상을 제공했다. 그리고 이것을 마침 '글로벌화'라는 만능열쇠 같은 용어가 보장했다. 하지만 이 낯선 문제들을 마주한 끝에, 무엇보다 그 문제들에 대답하는 것이 무척 어렵다는 사실을 실감한 끝에, 당신들은 차츰차츰 꿈에서 깨어나며 이렇게 자문하지 않을 수 없게 되었다. "아니, 대체 내가 예전엔 어디서 살았더라?" 어디긴, **경제** 속에서 살았다. 다시 말해 당신들의 집이 아닌 다른 곳에서.

역으로, 이 문제들에 답하는 데 애를 먹을 때마다 당신들은 스스로가 자리매김되어 있다고situé 느끼곤 했다. 당신들은 일련의 좌표 같은 것을 통해 있는 그 자리에 바로 고정되었다. 당신들의 집에 격리되어 머물러야 한다는 의무는 다음의 긍정적인 의미를 띠게 되었다. 틀어박힌 건 맞는데, 그럼으로써 마침내 어딘가에 닻을 내리게ancré 되었다. 한층 더 이상한 건, 여럿이 더불어 이 문제들에 관해 토론하면 할수록 당신들에겐 스스로를 계속해서 점점 더 많이 자리매김해야 한다는 의무감이 생생하게 느껴진다는 사실이다. "글로벌한 세계 속에 산다"는 표현이 느닷없이 한방에 훅, 심각하게 늙어버렸다. 그것은 아주 신속하게 다음의 다른 명령으로 대체되었다. "다른 이들과 더불어 묘사하려 해야 할 하나의 장소 안에 우리의 자리를 매기도록 노력하자." 존속하다subsister, 무리를 이루다faire groupe, 하나의 토양 위에 자리하다être sur un sol, 스스로를 묘사하다se décrire 등 동사들의 연관이 놀랍다. 그리고 앞서 언급한 글로벌화된 이들에게는 이렇듯 묘사를 따라 점차 가시화되는 어느 영토를 바탕으로 한 무리를 형성한다는 이 '반동적인' 과제의 재등장이 전적으로 놀라울 것이다. '영토'. 행정 용어인 이 말이 격리된 자들에게서는 실존적인 의미를 얻는다. 다른 이들에 의해, 멀리서, 거꾸로 뒤집힌 방향으로à l'envers, 즉 위에서부터 윤곽이 그려지는 대신에, 이제 영토를 저 자신을 위해, 자기 이웃들과 더불어, 제대로 된 방향으로, 아래에서부터d'en bas 묘사할 수 있게 된 듯하다는 말이다.

주지하다시피 하나의 영토를 거꾸로 뒤집힌 방향으로, 위에서부터 묘사하는 것은 곧 지도를 검토하는 일, 교차하는 종횡의 좌표축 위에 하나의 점을 위치시키는 일이다. 또 순전히 킬로미터 단위 거리 관계에 의해서만 식별된 장소를 표상물로 대체해 이 교차점에 기입하는 일이다. 이런 작업은 미리 알고 있지 않은 어떤 장소를 한시적으로 방문해야 할 때 매우 편리하다. 물론 그러려면 도로교통과의 각 부서가 맡은 업무를 건실히 수행해 두었다는 것이, 즉 측량사 라인une chaîne d'arpenteur — 교각과 도로를 담당하는 엔지니어 및 국가 산하 지방 분권 부서의 감독 아래 놓인 모든 것 — 에 의해 위치가 식별된 해당 지점에서 땅에 박힌 표지판이 방문자들의 손에 들린 지도와 일치하도록, 그들이 관리에 세심히 주의를 기울였어야 한다는 조건이 전제된다. 지도와 표지판이 일치하려면 빈틈없이 유지되는 국가가 그 부합성을 조직해야 하기 때문이다. 그리고 지도는 그럴 때, 오직 그럴 때에만 이방인의 통과를 허락하는 그 영토에 관해 사전 정보를 제공할 수 있을 것이다.

당연하게도, 우리는 우리의 영토 묘사를 그런 방식으로 착수하지는 않을 것이다. 비록 우리가 잠시 머물다 가는 이방인들에게 친절하게 인사를 건네며, 측량기사의 측지기測地器를 넘어뜨리는 일은 삼간다 하더라도 말이다. 우리에게 킬로미터 단위 거리와 삼각법에 기초한 앵글들은, 모든 지리학자가 알고 있듯, 그저 다양한 관계 중 하나다. 그런데 그 다양한 여타의 관계는 좌표의 격자로부터 출발하는 **위치 측정**에서 오는 게 아니라, 가령 나는 존속을 위해 무엇에 의존하는가, 내가 살아갈 수 있도록 해 주는 바를 압박하는 위협들은 무엇인가, 내게 그 위협을 알리는 이들에 대해 나는 어떤 신뢰감을 가질 수 있는가, 그 위협들로부터 나를 보호하기 위해 나는 무슨 행동을 하는가, 그로부터 벗어나기 위한 원조 수단으로는 어떤 것들을 찾을 수 있는가, 내가 선을 그으려 시도해야 할 반대자로는 무엇이 있는가 등과 같이, **상호의존의 문제들에 대한 대답**réponse à des questions d'interdépendance에 의해 발생한다. 이 질문들은, 이것들 역시도, 하나의 영토를 그린다. 그러나 이 데생은 스스로의 위치를 표시하는 이전의 재단 방식을 답습하지 않는다. 위치 측정되는 것être localisé과 **스스로를 자리매김하는 것**se situer은 동일한 행위가 아니다. 두 경우 모두 **셈에 넣을 만큼 중요한 것**ce qui compte을 측정하나, 그 방식은 다르다. 그레고르와 그의 부모는 큰 희생을 들여 그 사실을 배웠다.

뒤집힌 방향에서 보았을 때는 지도 위에 선으로 둘러 위치를 지정할 수 있는 모든 것이 영토를 형성한다. 반면 제대로 된 방향에서 보면, 하나의 영토는 자신이 의존하는 자들과의 사이에 일어나는 상호행위들의 목록만큼 멀리, 더 이상은 아닌 딱 그만큼까지 확장될 것이다. "네 보물이 있는 그곳에는 네 마음도 있느니라"(마태복음 6장 21절). 첫 번째 정의가 지도와 관련되며 가장 흔히는 행정적이거나 법률적이라면 — "당신이 누구인지 말해 보라, 그러면 당신의 영토가 어디인지 말해 보겠다."* — 두 번째 정의는 한층 행동생태학적인바, 이렇게 풀 수 있다. "당신이 무엇으로 사는지 말해 보라, 그러면 당신의 삶의 터전이 어디까지 확장되는지 말해 보겠다." 첫 번째 정의는 신분증을, 두 번째 정의는 제반 소속appartenances의 목록을 요구한다. 세계의 지도 위에 철새 한 마리의 영토를 투사해 보라. 뱅시안 데프레**가 훌륭히 입증했듯이, 당신은 무엇이 그 새를 노래하게 만드는지 그다지 이해하지 못할 것이다. 하지만 그 새가 무얼 먹고 사는지, 어째서 이동하는지, 그리고 제 여정 내내 얼마나 많은 다른 생명체에게 의지해야 하며 그 와중에 당면할 위험이 무엇인지 알기 시작한다면 모든 게 바뀐다. 그 새의 삶의 영역은 단순한 지도적 투사물의 사방으로 넘쳐날

* 법조인이자 미식 평론가로 이름을 떨친 장 앙텔므 브리야사바랭Jean Anthelme Brillat-Savarin(1755~1826)이 남긴 유명한 말 "그대가 먹는 것을 말해 보라, 그러면 그대가 누구인지 말해 보겠다Dis-moi ce que tu manges, je te dirai ce que tu es"를 패러디한 표현이다.

** Vinciane Despret(1959~). 벨기에 과학철학자, 리에쥬대학교 부교수로 있다.

것이다.

한편에서는 하나의 장소를 일종의 측량사 라인의 이동에 따른 좌표의 교차에 의거해 위치를 측정함으로써 식별해 낸다. 그리고 그 반대편에서 우리는 우리에게 의무적인 돌봄을 요구하는 개체들을 향한 **애착**attachements의 목록을 작성하는 법을 익힌다. 뒤집힌 영토가 조장하는 바는 자신들에게 분화되지 않은 공간을 그저 거쳐 지나는 이방인들과의 접근이다. 반면, 제대로 된 영토에서 우린 점차 우리와 우리의 번식의 염려 사이로 점점 더 많이 삽입되는 **의존자들**dépendants과의 접촉에 들어간다. 뒤집힌 영토에서 중요한 것은 거리 용어를 바탕으로 한 측정이다. 또 그와 동시에, 거기가 됐든 다른 곳이 됐든, 멈춤은 완벽히 자유롭다. 다시 말해 임의로 또 다른 지도를 선택하거나 GPS상에서처럼 한없이 돌아다니는 걸 막는 요소는 아무것도 없다. 반면, 제대로 된 영토에서는 당신의 기술 안으로 들어오는 개체들이 지도상에서 멀 수도, 가까울 수도 있는 만큼, 당신에게 중요한 건 무엇보다도 거리가 아니다.

그와 반대로, 개체들의 목록은 항상 한계를 지니고 작성하기도 어려운데다, 매번 일종의 조사며 맞대결의 시작 등 여하간 까다로운 만남을 부과한다는 타당한 이유로 인해, 당신에게는 무한히 나아간다는 일이 불가능하다. 당신은 그 목록을 임의로 늘일 수도, 줄일 수도 없다. 당신이 그 생명의 형태들을 힘겹게 기록했다면, 그 이유는 그것들이 묘사를 깨물고, 자기들을 고려하라고 당신에게 **책임을 지우기**engagent 때문이다. 물론 당신은 목록을 연장할 수 있다. 하지만 그럴 때 당신은 묘사를 다시 시작해야 할뿐더러, 당신이 목록화할 자들과의 대면에 더한층 큰 책임을 져야만 하리라. 이로 인해 탐사가 심화될수록 필연적으로 긴장은 가중된다. 이것이 바로 이자벨 스탕게르스*가 "책무들obligation"이라 부른 바다. 그에 따르면, 당신의 묘사는 정확해져 갈수록 당신에게 점점 더 큰 책임을 요구한다. 착륙한다는 것은 — 통상적인 미터법의 의미에서 — 로컬local이 되는 것을 뜻하지 않는다. 그것은 우리가 우리 자신이 의존하는 존재들과 만날 수 있는 능력을 가진다는 것을 의미한다. 그 존재들이 킬로미터상으로는 그토록 멀지라도 말이다.

'로컬'이라는 형용사에 결부된 일체의 오해의 여지가 거기에 있다. 당신은 하나의 상황, 즉 놓인 자리situation를 거꾸로 뒤집어 측량할 때에만 그것을 '로컬', 그러니까 그것보다 수량적으로 더 나가는 다른 것에 비교할 때 '작다'는 의미로 정의하게 되리라. 실제로 지도는 축척의 연쇄밖에 알지 못하며, 줌zoom을 활용할 수 있게 하는 건 바로 그 특성이다. 하지만 제대로 된 방향을 취했을 때 '로컬'이란 공동으로 검토되고 논증되는 것ce qui est discuté et argumenté en commun을 일컫는다. '가깝다'는 것은 '불과 몇 킬로미터 거리'라는 뜻이 아니라 '날 직접적인 방식으로 공격하거나 살도록 해 주는'이라는 의미다. 그러

* Isabelle Stengers(1949~) 벨기에 과학철학자, 화학자. 일리야 프리고진, 브뤼노 라투르와 협력 연구를 진행했고, 과학사가로서 시몽동, 들뢰즈, 화이트헤드, 세르 등을 다룬 저서를 썼다. 최근에는 해러웨이의 책을 번역하기도 했다.

므로 이는 관여engagement도 및 강도의 측정에 해당한다. '멀다'는 것은 '킬로미터상 떨어져 있는'의 뜻이 아니라 당신이 의존하는 사물들 안에 연루implication된 바가 없기에 그에 대해 당신이 곧바로 염려할 필요가 없음을 의미한다. 따라서 당신이 묘사를 통해 수합하는 내용은 로컬적이지도, 글로벌적이지도 않다. 그것은 수많은 논전을 치르며 하나하나 대면해 나갈 수밖에 없을 개체들과 더불어 맺는 또 다른 연관 관계에 의거해 구성된다.

평면구형도, 혹은 흙으로 이루어진 구체가 가이아에 관해 어떤 관념도 제공할 수 없는 이유가 바로 그것이다. 가이아는 통상적인 의미로 '크거나', '글로벌'한 게 아니라 점차로 이어져 접속되기 때문이다. '로컬'과 '멀리 떨어진'이라는 두 말의 의미가 일치하는 일은 간혹 가능하기는 하겠지만, 실제로는 발생할 개연성이 거의 없다. 오늘날에는 우리가 **그 안에서 살아가는**où l'on vit 세계가 우리가 **이용해서 살아가는**dont on vit 세계와 겹치는 일이 드무니까. 산업사회의 주민들은 "우르와 제리마데스에서 모든 것이 쉴"* 때 잠결에 든 보아스처럼 방목장 한복판에 거주하지 않은 지 오래다….

하나의 영토를 제대로 된 방향에서 묘사하는 순간부터 당신은 어째서 그 동안 **경제**가 현실주의적이고 물질주의적일 수

* "Tout reposait dans Ur et dans Jérimadeth" 성서의 인물 룻과 보아스의 이야기를 읊은 빅토르 위고의 시 「잠든 보아스Booz endormi」의 한 구절. 이 시는 하루 종일 타작마당에서 일하다 밀 곁에서 그대로 잠드는 보아스를 묘사하면서 시작한다.

없었는지, 그 까닭을 당신의 살을 통해 이해하게 된다. 그럴 수 밖에 없는 것이, 당신의 묘사가 더 이상 피하려 하지 않는 각종 충격과 긴장, 논쟁을 역으로 감추기 위해 만들어진 것이 **경제**이기 때문이다. **경제**를 선택하는 것, 그건 해명해야 할 내용을 전혀 갖지 않는 존재들을 고안하고 그들이 독점적인 소유권을 통해 자기 경계를 보호받아야 할 독립적인 개인들이리라는 핑계를 대면서 상호행위의 재개를 중단시키는 행위다. 그런 권리는 제 하류에 아무런 쓰레기도 남기지 않을 무기영양생물에게나 적용될 수 있는 것임에도 말이다. 그와 같은 동물들이 실제 **지구** 위에는 존재하지 않는 만큼, 코로나19 바이러스가 강제한 멈춤 사태가 경제화된 운 없는 이들을 얼마나 큰 당혹의 수렁에 빠뜨렸는지 이해가 간다. 그들은 소유권의 경계들이 해 낸 일이라고는 상황들을 얼려 버린 것뿐임을 깨달았다. 그에 관한 묘사를 여럿이 늘여가는 순간부터, 그 상황들은 점점 달궈져 급기야는 타오를 듯 뜨거워지리라.

예를 들어서, 열정적인 옥수수 애호가인 내 이웃은 — 보다 정확히 말하자면, 그는 공동농업정책이 옥수수 관개에 지원하는 보조금의 주요 이용자인데 — 자신이 쓰는 각종 제초제를 통해 내 손주들의 몸을 습격한다. 만약 내가 그를 향해 내 소유권을 존중해서 그런 제초제들은 당신 밭의 경계 안에 한정시키고 당신 자신만의 몫으로 두라고 말한다면, 아마 그는 그럭저럭 예의를 지키며 이렇게 반박하리라. 자신은 “이 행성을 먹여 살리며”, 따라서 “내게 보고해야 할 해명서 같은 건 전혀 없다”고. 만약 내가 나도 당신 살충제의 공격을 받지 않을 권리를 당신과 똑같이 갖고 있으며, 이것은 이리저리 돌아다니던 당신의 양들이 내 잔디밭에 들어와 풀을 뜯어서는 안 되거나 반대로 내 개가 당신 아이들을 물어서는 안 되는 것과 마찬가지 이치라고 대답한다면, 그는 아마 이렇게 응수하리라. 자신이 사는 곳은 농촌인데, 거기서 다른 이들의 행위를 간섭하지 않으면서 자기 행위를 행사할 수 있는 자는 아무도 없다고. "각자 제 집에 있으면 소들이 무탈하다Chacun chez soi et les vaches seront bien gardées"*라는 무척이나 목가적인 속담과 정반대로, 그는 갇힌 경계들 안에 가둬 둘 수 있는 건 아무것도 없다고 주장하리라. 가령 수탉의 꼬끼오 소리는 시골 공간 여기저기로 넘쳐난다고. 살충제와 마찬가지로, 성당의 종소리나 개, 소 떼, 땅바닥에 엎질러진 — 틀림없이 정부에 맞서 펼쳐지는 무수한 시위 와중에 그리 되었을… — 페레트Perrette**의 우유와 마찬가지로. 그리고 농촌에 산다는 것은 바로 그런 거라고.

그럼 나는 그에게 이렇게 말하리라. "아, 아주 좋아요. 따라서 당신도 스스로 인정하는 거네요. 각각의 개체가 다른 개체들과 중첩되어 있는 이상, 우리는 '모든 것이 우리와 상관 있는' 한 영토에서 함께 살고 있다, 그러니 만국의 홀로바이온트들이여 단결하라, 어쩌고저쩌고… 그런데 말이죠, 우리가 이렇

* '각자 자기 일에 충실하면 만사가 순조롭다'라는 뜻의 속담 "Chacun son métier, les vaches seront bien gardées"를 약간 비틀어 인용한 것.

** 라퐁텐의 우화에 등장하는 우유장수. 읍내에 나가며 우유 판 돈을 점점 불려 젖소까지 사는 공상을 하다 그만 이고 있던 우유 단지를 떨어뜨린다. 우유는 다 쏟아지고 그녀의 꿈도 물거품이 되고 만다.

듯 한데 얽혀 살아가고 있다면 그 점에 대해 함께 이야기해 봐야만 합니다! 우리가 이처럼 서로의 경계를 침범한다면, 결국 우린 하나의 공동집단commun을 형성하는 겁니다. 그러니, 우리가 피차 침해의 범위를 한정하거나 반대로 모두에게 한결 유익한 구성법을 찾아낼 수 있도록 이러한 중첩에 대해 논의할 장소와 시간, 날짜, 제도, 방책, 절차를 내게 알려주시면 고맙겠는데요?" 십중팔구 그는 얼굴이 새빨개지도록 화가 나서 날 또 다른 그레고르라도 되듯 밟아 뭉개려 들리라.

그렇긴 해도, 그의 거절은 나로 하여금 **경제**가 언제 어떤 식으로 하나의 상황을 가리는지를 정확히 헤아리도록 해 준다. 이 가상 대화의 주인공들이 하나의 토양에 거주하는 하나의 민족을 형성하고 따라서 이들 삶의 형태들에 일어나는 중첩을 우리가 공동으로 고려할 수 있게 되었을 때, 그 과정에서 발생했었음직한 상호 대립적이며 집단적인 묘사를 **경제**가 대체하는 것이다. 상호의존의 유대 관계들에 관한 묘사는 목록의 항목들 각각에 대해 경제가 닫고자 한 그 논의를 재개할 임무를 지운다.

중첩과 침해가 있다면 그건 공공의 문제라 할 무언가가 분명 존재한다는 얘기다. 그렇다면 냉혹하게 뒤얽히는 삶의 형태들을 배분한다는 과제를 재검토할 수 있는 하나의 제도 형태도 틀림없이 존재하리라. 고유의 의미에서 **경제**는 무리를 흩뜨려 없애고 토양 바깥으로 내보낸다. 반면, 격리는 무엇을 허용했나. 바로, 제게 의존하는 자들의 거주적합성 조건들을 유지하거나 파괴하는 스스로의 능력에 의거해 심판 받기로 동의한 이들을 이끌어 다시 무리 짓고repeupler 다시 자리매김resituer되도록 했다. 모름지기 지구생활자들이라면 각종 '그린green 관련 트릭'을 내세우는 분야나 그쪽에 쏠리는 새삼스러운 관심 말고, 그저 단순하게, 묘사가 재개될 때 **경제**에 일어나는 변화를 일러 '생태학'이라 부르는 편이 바람직할 것이다. 하나가 도처에 확장되었다면, 나머지 하나도 역시 그럴 수 있어야 한다. 하나가 행성을 다시 식혔다 이어 그것이 뜨겁게 달아오르도록 방치했다면, 나머지 하나는 유대 관계들을 다시 덥힘으로써 마침내 행성이 도로 식을 수 있도록 만들어야만 한다.

그런 제도들이 존재하지 않는다고? 아주 좋다, 적어도 우린 이제 우리 자신을 어느 상황에 자리매김해야 할지 아는 거다. 지구생활자들은 **경제**라는 불시착에서 스스로를 수습해 냈고, 그와 같은 제도들을 세우기 위해 말하자면 거대한 비행선 안의 검게 탄 골조 속에 정착한다. 첫 삽을 뜨기 위해, 먼저 다들 제 이웃과 교섭을 재개할 것. 묘사는 위치를 새로이 측정하고 무리를 다시 불릴 뿐만 아니라, 이것이 가장 예상치 못한 일인데, 행동하려는 의욕을 다시 부여한다. 다들 꽤나 절망적이었던 '변동'으로부터, 그 점은 인정하지 않을 수 없다, 보다 장래성이 있는 '변신'을 향해 옮겨가기 시작한다. 그렇다. 비록 마스크를 쓰고 숨은 막히지만, 그건 맞다, 그럼에도 우리는 머지않아 마침내 하나의 '다른 형태'를 갖추는 데 도달할 것이다.

9.
풍경의 해빙

이 같은 형태 변화는 다음의 지극히 단순한 확증 사실을 기반으로 한다. 우리 인류는 단 한 번도 '활기 없는 것들'과 마주치는 경험을 한 적이 없다. 언뜻 생각하기엔 마치 '물질적인' 세계가 그런 것들로 구성되는 것 같지만 말이다. 당신이 도시에 산다면 그 점은 명백하다. 당신이 영위하는 생활의 틀, 그것의 매 밀리미터는 인간들, 즉 당신의 동족이 만든 것이니까. 하지만 당신이 전원에 산다 해도 그건 역시 자명한 사실이다. 당신 영토의 각 세부는 어느 한 생명체의 작품이다. 종종 그 생명체가 시간상 매우 멀리 떨어져 있더라도 말이다. 그리고 사물들의 확고함에 대한 이 같은 감각은 임계영역의 확장에 맞먹는 만큼의 범위 내에서 사실이다. '활기 없는 것들'은 당신을 이제껏 아무도 절대 살아 본 적 없는 세계로 — 상상을 통해 — 이동시킬 사유의 경험에 의해서만 존재한다. 그로부터 다음의 질문이 생겨난다. 그 같은 자명함의 감각이 오늘날 당신의 존재 방식, 미래를 조망하는 방식, 공간 안에 당신의 자리를 매기는 방식, 그리고 당신 스스로 이동의 자유라고 부르는 바를 이해하는 방식을 수정하는가?

이러한 변형의 가능성을 탐사하기 위해서는, 아래쪽의 관점에서 실행하는 영토 묘사가 매번 이전보다 한결 구체적일 수 있도록 모종의 장치를 이용하는 편이 바람직하리라. 하여 우리는 소에유 아즈미르바바*와 함께 그 시도를 해 보았다. 그러니까, 땅바닥에 화살표로 방향이 지시된 커다란 원을 그리고 한쪽에는 플러스 기호를, 반대쪽에는 마이너스 기호를 붙이는 거다. 참가자들은 원의 중앙에 서도록 한다. 당신 뒤편의 오른쪽에는 당신이 의존하고 있는 바, 다시 말해 당신을 살게 해 주는 것, 당신이 존속하도록 허용해 주는 것이 있다. 반면 뒤편의 왼쪽에는 당신을 위협하는 것이 놓인다. 오른쪽 앞의 1/4 위치에는 당신이 지금껏 누린 거주적합성의 조건들을 유지하거나 증대시키기 위해 당신이 행하려는 바가 놓인다. 그리고 왼쪽 앞 1/4 위치에는 당신에게 의존하는 자들의 생존 조건을 약간 고갈시킴으로써 상황을 악화시킬 위험이 있는 사실을 둔다. 이건 아이들 놀이처럼 뭔가 가볍고 즐겁기까지 한 실험이다. 하지만 그 한복판에 다가서게 되면 다들 약간씩 떨린다. 결심을 내려야 하는데 그게 제일 어렵다. 그걸 통해 스스로가 드러나게 되니까. 다들 자신에 대해서 말하게 되는 것이다. 또는, 보다 적절히 말해, 자신을 살도록 해 주는 것에 대해 말하게 되는 것이다.

나는 이 시련의 장소 중앙으로 머뭇머뭇 발걸음을 옮겨 그려진 궤적의 정확한 교차 지점에 선다. 내겐 나 자신을 어떤

* Soheil Hajmirbaba. 건축가이자 도시기획가. 알렉상드라 아렌, 악셀 그레구아르Axelle Grégoire와 함께 스튜디오 SOCSociété d'Objets Cartographiques를 조직해 임계영역과 가이아 이론, 행위자-연결망 등에 관련된 각종 실제 현장실험과 멀티미디어 예술 작업을 벌인다. 본문이 소개하고 있듯 장기 연구 프로젝트 〈우 아테리르〉에 기여하고 있기도 하다.

〈우 아테리르〉 워크숍 개시(2020년 2월 1일, 생쥘리엥, 라베지스리)
사진: 니콜라 로로

궤적의 벡터로 생각하는 일이 익숙하지 않다. 그러나 그 궤적은 과거로부터, 즉 내가 존재하고 자라나기 위해 때로 아무 생각 없이 누렸던 모든 것들, 내가 무심결에 의존하며, 어쩌면 나와 함께, 내 잘못 때문에, 다시 말해 내 존재 조건들을 위협하건만 정작 나 자신은 그렇다고 의식하지 못한 모든 행위로 인해 중단되어 더 이상 미래로 나아가지 않게 될 것들로부터 출발한다. 이러니 내가 뭉클해지는 것도 놀랍지 않다. 안다, 알아, 이건 무척 고지식한 태도, 정말 너무나 단순주의적인 생각이라는 걸. 마치 선과 악 둘 중에서 선택하는 것 같잖나. 한데, 이건 정확히 이런 일이라고 말할 수 있다. 당신이 스스로 이 사방치기 게임을 해낼 수 있도록 당신을 돕는 다른 이들과 더불어 내리는 판결. 그러면서 동시에, 당신이 살도록 해 주는 것에 대해, 이어 당신을 위협하는 것에 대해, 그리고 마지막으로 그 위협을 제압하기 위해 당신이 실천하거나 하지 않는 것에 대해 제기되는 질문들에 건네는 대답. 이보다 더 단순한 것도, 또 이보다 더 결정적인 것도 없다. 아, 그래서 이 도안이 과녁을 닮았나 보다. 그리고 그 한가운데, 다시 말해 과거와 미래를 가르는 구분선 위에 있는 이는 다름 아닌 당신이다. 위험을 무릅쓰고 결단을 내려야 하는 자리가 바로 여기다. 바로 여기가 당신이 뛸 곳이다Hic est saltus.* 말의 모든 의미에서, 당신은 이 자리에서 당신 생명을 다시 걸고 있는 것이다.

이렇게 해서, 당신이 큰 소리로 당신 목록의 개체들 중 하나를 언급할 때마다 모인 참가자들 중 누군가가 나와서 그 '역할'을 '맡고', 그러면 당신은 이 인물을 일종의 나침반 위에 자리 잡게 하거나, 자신의 짧은 이야기의 진행에 따라 다른 자리

* 그리스 이솝우화에서 유래한 라틴 경구 "Hic Rhodus, hic salta!(여기가 로도스다, 여기가 당신이 뛸 곳이다!)"의 인용. 당신이 무엇을 할 수 있는지를 바로 지금 여기서 증명하라는 의미이다.

로 이동시킨다. 이 작은 연극의 놀라운 결과는 이러하다. 얼마 지나지 않아 당신은 작은 무리에 둘러싸이게 되고, 그들은 다른 참가자들 앞에서 당신의 가장 내밀한 상황을 대변한다. 당신이 당신의 애착 사항들을 목록으로 만들어 갈수록 당신은 더욱더 잘 정의된다. 묘사 내용이 정확할수록 무대가 많이 채워진다! 그리고 당신은 그때까지 그토록 표상하기 어려워 보였던 이 홀로바이온트들에게 차츰차츰 형상을 부여한다. 어느 여성 참가자가 그 사실을 이런 말로 요약한다. "내가 다시 무리 지어졌네요!"

이와 같은 변동을 어떻게 효과적으로 표시할 수 있을까? 지구생활자들은 이제 결코 하나의 풍경에 마주설 수 없다는 말을 쓸 수 있겠다. 다른 이들을 위해, 그리고 다른 이들에 의해 당신의 제반 상호의존성을 묘사하는 것은 마치 지면이 당신 발아래에서 융기해 당신을 넘어뜨리는 것과도 같은 일이다. 영토는 당신이 점유하는 것이 아니라 당신을 정의하는 것이다. 여기서 변신이 뒤집혀 작용하고 있음을 알 수 있는데, 거의 '정상'으로 보이게 될 이는 그레고르이며, 이후 그 자세가 믿을 수 없이 날조된 듯 보일 이들은 그의 부모다. 그들은 자신들이 자유로우며 그레고르는 변이하는 그의 몸에 갇혀 있다고 생각하지만, 실상 벌어지는 일은 그 역이다.

예술의 역사가 오래전부터 연구해 온 사실인데, 옛날식 인류, 즉 근대 인류는 제자리에, 그것도 그 바탕 벽 하나가 그림판 구실을 하는 상자 — 미술관이라는 하얀 입방체, 예술 비평가들의 화이트 큐브가 그런 곳이다 — 안에 핀으로 고정되어 있다시피 하다는 기이한 특징을 지닌다.* 그리고 그 그림에 재현되어 있던 건 우리가 급작스레 그 움직임과 궤도를 중단시켜 관람자의 — 보다 정확하게 말하면 그 그림을 품평하라는 요구에 의해 막 관람자가 되려는 자의 — 시선 아래 머물게 만든 모든 종류의 사물들이다.

이 얼마나 이상한 무대 장치법scénographie**인가! 당신은 길 가던 어느 순박한 사람을 멈춰 세워 방향을 90도 돌리게 한 다음, 그를 어느 상자 안에 가두는 것이다. 그러고 나서 그보고 거기서 꼼짝하지 말고 얼굴을 온통 찡그려 가며 그 수직의 그림판 위로 사물들이 취한 형태를 응시하라고 요구하는 것이다. 그런데 그 개체들은, 그것들 역시도, 제 행위의 흐름이 중단된 것들이며, 또 그것들 역시도, 90도 돌려져 놓인 것들이다. 그것들에게는 이제 제 존재를 연장하라는 요청 대신, 말하자면 제 프로필 중 가장 근사한 것을 제공하면서, 관람자의 시선에 복종하라는 요구가 주어진다. 다들 관람자의 전에 없이 낯선 시선을 무척이나 염려했다. 그러나 관람자에게 강요된 찡그림은 바라보여질 수 있는 것이 되기 위해 억지로 제 궤적들을 멈춰야 하는 행위역량들에 가해지는 비틀림에 비하면 아무것도 아니다.

우리가 '원근법에 의거해' 그림을 그릴 것을 받아들이기 무섭게, 배경 벽 너머에서 멈춰진 사물들은 이후 크기에 의거해 배치되며 3차원 공간의 환영을 제공하게 되리라. 그리고 벽 앞에서, 이제 이 신新-관람자는 제 눈에 적합하거나 적합하지 않은 것들을 마음대로 표시해 가며 그림의 품평을 시작하고,

급기야는 무관심한 미적 판단이 가능한 감정평가사évaluateur 라는 또 다른 환상을 생산하는 단계에까지 도달한다. 그림 또는 영토는 두 개의 피라미드 — 이 둘 중 하나의 첨점은 저 유명한 끝없는 **도주선**ligne de fuite***을 향하는 잠재적인 것이며, 다른 하나의 끝점은 이제 그저 바라보기만 하면 되는 자의 눈 속에 있다 — 사이에 끼어 옴짝달싹 못하듯 평면화된다.

가령 그 관람자 앞에 산과 호수, 석양, 사슴 떼가 있는 풍경 하나가 있고 왼쪽 구석에는 숲이 있다고 치자. 그 태양이 '훌륭히 재현되었는지', 그 호수가 '더 맑게' 표현될 수는 없었을지, 숲의 어두움은 그가 보기에 '멋지게 환기되었는데' 비해 사슴들은 '약간씩 더 떼어 놓일' 수는 없었을지, 이런 것들을 결정하는 것은 순전히 그의 몫이다. 판단하고 결정하는 이는 관람자다. 그리하여 숲과 태양, 호수, 동물과 하늘 간의 각 관계는 **그를 거쳐** 형성되고 오로지 **그 혼자만의 권익**을 위해 수립된다. 더구나 그의 앞에 대가의 그림 하나를 갖다 놓든, 산

* 이어지는 내용은 가령 암상暗箱(카메라 옵스큐라)과 같이 서구 회화에서 일찍부터 이용된 광학 장치의 원리 및 그것이 반영하는 세계관을 설명한다. 주지하다시피 이 장치가 허용하는 '원근법'에 입각해 대상을 '객관적'으로 바라보고 재현하고 배치하는 시선의 주체는 스스로 세계와 사물들에 질서를 부여하는 주재자로서 등장하는(혹은 스스로 그렇다고 믿는) 근대 주체의 모습이다.

** 무대에 배경을 배열하는 기술. 미술에서 '원근화법'을 의미하기도 한다.

*** 이 대목에서 라투르는 '소실점으로 향하는 선'을 뜻하는 일반적인 표현 'ligne fuyante' 대신 들뢰즈/과타리의 용어인 '도주선ligne de fuite'을 사용했다.

업개발계획이나 연극의 한 장면, 혹은 어떤 왕자가 지배하고 싶어 하는 한 지역의 지도를 들이대든, 뭘 선택해도 별반 차이는 없다. 프레데리크 아이트투아티*의 말대로, 그건 언제나 "면전에" 있는 것, 다시 말해 저 17세기 유럽의 발명품인 **풍경** landscape인 것이다. 주체는 (그렇다, 당연하게도 이제 그는 '주체'다) 그로부터 하나의 비전이 풍경의 형태로 떠오르고, 그와 더불어 필연적으로 그 반대편에 사물들이 대상의 양태로 (당연하게도, 이제 그것들은 '대상들'이다) 재현되어 어떤 의미에서 그의 수중에 놓이게 되는 이 화이트 큐브를 떠나지 않는다. 이 방대한 장면을 필리프 데스콜라**는 다음의 말로 재구성한다. 이 상자 안에 고정된 채로 남은 자는 **순화된**naturalisé 대상들을 제 앞에 대면한 **박물학자**naturaliste 주체가 되어간다. 이 이야기의 커다란 기이함은 이런 것이다. 즉, '**자연**'은 오로지 하나의 주체에게만 존재한다. 그리고 이 주체는 계속 그 상자 속에 격리된 채 머무르리라. 사물들과 그는 마치 나비들처럼 곤충학용 서랍 속에 두 개의 가는 핀으로 고정되어 있고, 거기 곁들여진 파

* Frédérique Aït-Touati(1977~). 비교문학자, 과학사가, 연극연출가. 문학의 과학적 사용, 또는 허구와 과학, 지식, 역사의 상호 관계를 연구한다. 자신이 이끄는 극단 〈임계영역Zone Critique〉과 라투르와의 협업을 통해 지구 문제에 관련된 공연과 퍼포먼스를 기획하기도 했다.

** Philippe Descola(1949~). 비교인류학자. 배우자 안크리스틴 테일로르와 함께 실행한 아마존 지역에 관한 연구나 자연과 문화의 이분적 대립을 넘어서는 인류학적 시각의 제시 등으로 널리 주목받았다. 국내에 저서가 그리 소개되지 않았으나 레비스트로스의 정통 계승자로서 국제적으로 가장 많이 인용되는 인류학자 중 한 사람이다.

란 가두리의 라벨에는 검은 잉크로 이렇게 기입되어 있다. "근대적 대상", "근대적 주체".

여기서 또 다시 격리의 역설적 결과를 들 수 있다. 그걸 통해 우린 바로 그런 상자에서 탈출해 귀환할 수 있게 된 것이

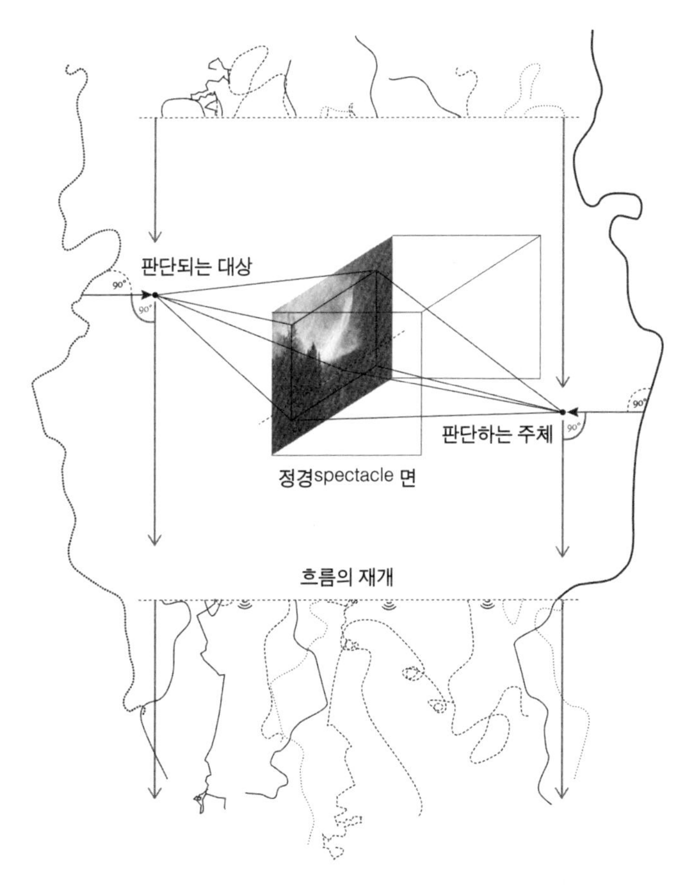

도면: 알렉상드라 아렌

다! '변신'이라는 제목은 거꾸로 뒤집어 읽어야 한다. 활기 띤 형태를 다시 갖추려는 건 그레고르이며, 붙박인 대상들 앞에 붙박인 주체로 머무른다는 그 말도 안 되는 자세 속에 꼼짝 못 하고 머무르는 건 그의 부모다.

이 장면의 인물들이 다시 전진하기 시작한다면, 그들이 다시 90도 몸을 돌려, 하지만 이번에는 바람직한 방향으로 사물들의 흐름에 다시 합류한다면, 또 사물들 역시 제 도정을 다시 가면서 이제 다른 이들에게 그저 재현되기만 하는 따위의 수작은 허용하지 않는다면 과연 어떤 일이 일어날까? '대상들'의 편에서 보자면 그건 즐거운 줄행랑이 되리라. 숲, 호수, 산, 사슴 떼, 지면은 여전히 그 자리에 있다. 그러나 그들은 더 이상 저 스스로에게 적합하거나 적합하지 않은 것을 결정하기 위해 주체를 거쳐 가지 않는다. 그것들은 제가 약간 더 오래 지속할 수 있도록 해 줄 것을 저 스스로에 의해, 또 스스로를 위해 결정하며 다시금 제 갈 길을 간다. 여기서도 다시, 새롭게, 강의 해빙과도 같은 일이 일어나는 것이다. 자연주의는 그렇게 끝을 맞는다.

'주체' 또한 갇힌 채 머무르지 않는다. 물론 처음에야 그간 운동이 부족했으니 약간 뻣뻣하겠지만, 그는 금방 제 유연성을 되찾을 것이다. 다시 무리 지어진 사람personne은 생명의 형태들에 의해 눌리고 떠밀리면서 그것들과 같은 움직임으로 달리기 시작하리라. 자신이 의존하는 생명의 형태들을 비스듬하게de biais, 하지만 힘껏 포착하며, 그 자신의 행위에 의존하는 생명 형태들의 운명을 즉석에서 순간적으로 결정하게 되리

라. 이건 당신이 서 있던 보도에서 당신 앞으로 행진해 가는 대규모 시위대를 물끄러미 바라보는 대신 그 흐름에 합류하기로 결심하는 것과도 같은 일이다. 그때까지 그저 구경꾼이었던 당신은 이제 소란스럽게 흥분한 군중과 같은 방향으로 움직이며 당신 목록의 개체들 하나하나와 동일한 생성의 염려를 나누어야 한다. 당신은 더 이상 사물들을 '정면'에서 보지 않는다. 정말 그렇다, 예전의 '대상들' 앞에 선 예전의 '주체'와 반대로, 당신은 그것들의 역동성에 더는 무관하지 않다. 인간중심주의는 그렇게 끝을 맞는다.

그림판을 세우는 일이야 언제나 여전히 가능하리라. 하지만 그림의 방향과 채취 양식은 더 이상 전과 같지 않을 것이다. 어로魚路를 지나는 물고기들보고 어류 신경 소통을 포착하는 기계를 향해 예의 바르게 미소 지으라고 하는 일이 더는 없듯, 다시 움직이게 된 존재들에게 그 흐름을 멈추라고 요구하는 일은 이제 없으리라. 그보다는, 그 채취 양식은 서로 섞이는 그 모든 경로들의 생생한 유통을 각종 감지기로 포착하며 그 흐름 안에서 여러 재단coupe을 행하는 것에 더 가까우리라. 그렇다, 여기 이 그림에서 사슴은 이동했고, 태양은 졌고, 숲은 싹둑 베였다. 그런가 하면, 또 다른 그림에는 이제 울타리들이 있고, 나무들이 다시 심겼고, 어미 소들과 그 송아지들이 있고, 하늘은 비가 올 듯하다. 하지만 이런 식으로 식별된 것은 시계상 시간의 흐름이 아니라 생명체들이 제 존재를 계속 잇기 위해 취한 결정들의 정지 화상l'arrêt sur image에 해당한다.

그리고 이 생명의 형태들 가운데에는, 바로 이것이 완전히 다른 점인데, 나침반을 든 이 다시 무리 지어진-사람personne-repeuplée이 택해야만 할 여러 갈래 길이 있다. 이제부터 그는 이 무리들 속에서, 이 흐름과 시위 속에서, 다른 이들과 다를 바 없이, 제 운명을 결정해야만 한다. 그는 벌채에 맞서 그 숲을 지켰는가? 울타리 치는 걸 허용하거나, 다시 나무를 심도록 장려했거나, 호수의 수질을 유지했는가? 아니, 그것보다는 사슴이 도망쳐 버렸거나, 낙엽송들이 기후 변화를 견디지 못했거나, 가뭄이 호수 물 수위를 낮춘 것인가? 동일한 질문들이 새어나가는, 또는 서로 함께 흐르며 모이고 헤어지는 모든 생명의 형태들에게 동시에 나란히 주어진다. 그리고 이 움직임은 더는 무한히 소실되는 도주선들이 아니라, — 샹탈*이라면 음악가의 자격으로 푸가fugue**라 부를 — 생명의 선들lignes de vie이다.

다시 무리 지어진 사람은 상황과의 싸움에 든 자신을 발견한다. 이 말은 그가 제 선조들과 후손들을 재발견할 권리를 가진다는 뜻이다. 그가 차츰차츰 다시 구성하는 영토는 더 이상 그에게 속한 것이 아니다. 그는 그 영토에 의해 심판된다. 아마도 사라 바뉙셈***이라면 영토가 그의 소유주가 되었다고, 보다 적절히 말해, 다시 되었다고 말하리라. 이것이 바로 땅의 노모스다. 변신은 발생했다. 참가자****는 정면에서 하나의 풍경을 바라보았던 '주체'로부터 선조들과 후손들 사이에서 취해야 할 결정의 벡터로 변했다. 그리고 그는 그 둘 사이에서, 그 교차점 위, 그 도가니 속에서 자신의 운명이 함께 섞여든 생명 형태들의 다산성 또는 불모성을 결정하는 스스로의 능력에 의거해 판단될 것이다. 다시 무리 지어진 사람은 **지구**냐

하늘이냐 하는, 자신의 운명이 결정되는 사방치기 판에 깨금발로 선 자신을 발견한다.

바로 그 자리에서 '변신'이라는 말이, 그 소설을 뒤집어 읽는다는 조건하에, 제 약속을 실현하기 시작한다. 어느 한 개인의 위치를 정하기 위해서는 부득이 그에게 하나의 배경을, 그러니까 그를 짓누르며 거기에 비할 때 그 자신은 아무것도 아닌 하나의 맥락을 덧붙여야 한다. 그와 그의 배경 사이에는 전적인 균열이 있다. 그리고 '카프카적'이라는 형용사의 통상적인 의미가 가리키는 바도 그것이다. 하지만 스스로를 상황 안에 자리하게 하는 법을 배우는 사람은 자신이 의존하거나 자신에게 의존하는 이들의 목록이 확장될수록 점점 더 특정적이고 특수하게 되어 간다. 홀로바이온트들의, 또는 제휴의 사회학의 역설 일체가 거기에 있으니, 사람이 누군가와 점점 더 친

* 〈우 아테리르〉 기획의 코디네이터이자 예술 기획 담당자로 함께 참여하는 저자의 아내 샹탈 라투르Chantal Latour를 이른다.

** 'fugue'는 용어 '도주선'에서 'fuite'와 유사한 뜻(도주, 배회, 실종 등)을 지닐 뿐만 아니라, 음악의 한 형식(푸가, 둔주곡)이기도 하다.

*** Sarah Vanuxem. 민법학자. 토지와 농업 정책, 소유권 문제와 관련한 저서와 연구를 통해 사물-대상과 인간-주체의 구분에 기반하지 않는 '비-근대적인' 시각을 제시한다.

**** 이 문단 전체에서 라투르는 '주체le sujet'에서 '다시 무리 지어진 사람la personne'으로의 '변신'을 인칭대명사 사용의 변화를 통해서 대비시킨다. 즉, 문장들의 주어가 남성명사인 sujet를 대리하는 인칭대명사 'Il(그)'이 아닌, 여성명사인 la personne(사람)을 지칭하는 'Elle(그녀)'로 교체된다. 지구, 가이아가 여성명사인 것과 나란하게 문법과 쓰기 차원에서 표시되는 '변이', '변신'이다.

숙해진다는 건 그 자신이 함께 얽힌 이들을 향해 점점 더 멀리 여행하는 일과 같다. 거의 아무것도 아닌 것으로 축소된 개인은 자신을 지배하는 거대함 앞에서 아무 힘도 없다고 느끼게 마련이다. 그러나 사람, 행위자-연결망acteur-réseau, 행위소*-민족actant-peuple, 홀로바이온트는 제 목록의, 제 행위의 흐름의, 제 이력서curriculum vitae**의 항목들이 증식될수록 날개가 돋아나는 듯한 느낌을 갖는다. 그 항목들은 분산되고, 그런 식으로 증식된다. '해방시키는 유대紐帶'들이 존재하는 것이다. 개인의 경우는 많이 의존할수록 덜 자유롭다. 하지만 사람은 의존할수록 더 많은 행위의 여지를 가진다. 계속해서 제 경계에 걸려 부딪히는, 하여 불평하고 신음하며 슬픈 정념에 사로잡혀 있는 개인의 경우는 부르르 몸을 털어 떼어내려고 하며, 그럴 때 그에게 남는 것이라곤 거의 분노와 원한밖에 없다. 반면 사람은 스스로를 연장하고 무리 짓고 멀리 보내며, 그럴 때 그는 말의 고유한 의미에서 스스로를 분산시키고, 분배하고, 혼합하면서 자신이 미처 상상하지 못했던 행위역량들을 점차로 회복해 간다. 정말이지 '끔찍한 벌레'는 우리가 생각하던, 그런 자가 아니다! 비상하는 건 그레고르이고, 자신들의 상자 속에서 말라붙는 건 그의 부모다.

이 일종의 나침반은 거기 자리 잡는 이의 방향을 인도할 뿐만 아니라 끊어졌던 생성의 원칙 하나를 수선해 복원한다. 앞서 말한 근대적 '주체'는 스스로 공간 속 어디에 자리 잡아야 할지 모른 채 얼굴을 찡그리고, 더구나 한 눈으로만 보면서, 꼼짝 않고 '대상들'의 맞은편에, 즉 그 못지않게 들쑤셔지고, 중단되고, 시선 앞에 — 루이 마랭***이 든 예를 따르자면 살로메의 쟁반 위에 얹힌 세례 요한의 머리와도 같이 — 제공되어야 한다는 의무로 인해 갈 길을 잃은 그 대상들 맞은편에 머물렀었다. 그게 다가 아니다. 이자, 근대적 주체는 시간상으로도 제가 어디에 자리 잡아야 할지 알지 못한다. 그럴 수밖에 없다. 그 큐브 안으로 들어가기 위해 필연적으로 제 과거와 관계를 끊어야 했으니까. 그는 지나간다는 사실에 대해서도 그래야 했다. 다시 말해, '단호하게 근대적'으로 되기 위해서 철저하게 과거와 관계를 끊을 뿐만 아니라, 지나감의 방편들 없이 지내는 것se passer des moyens de passer까지도 받아들였다. 상류도 하류도 상실한 만큼, '근대적 주체'는 길을 잃었다는 사실을 깨달을 때 가던 길을 되돌려 스스로에게 요긴할 행위의 원천을 다시 찾아내는 일을 할 수가 없다. 그것이 그의 불안의 원천이다. 발걸음을 되돌리고픈 유혹에 빠지지 않도록, '반동주의자'로 여겨질 위험을 겪지 않도록, 그는 제 뒤의 배들을 태워 버렸다. 미

* 일반적 대칭의 원칙에 입각한 행위자-연결망에서는 인간뿐만 아니라, 동물, 기계, 시스템 등 모든 존재들이 '행위소'로서 상호작용할 자격 또는 역할을 가지며, 이들의 연결망 중 어떤 것이 '행위자 효과'를 발생시킬지는 미리 결정되지 않는다. '행위자acteur' 또는 '행위소actant'와 같은 용어들은 알려진 대로 리투아니아 출신의 프랑스 기호학자 알기르다스 쥘리앵 그레마스Algirdas Julien Greimas(1917~1992)의 내러티브 도식 '행위소 모델le modèle actantiel'에서 차용한 것이다.

** 직역하면 '삶의 흐름들'.

*** Louis Marin(1931~1992). 예술비평가, 역사학자, 철학자. 특히 17세기 예술과 문학에 정통했다.

래는 과거를 하나의 악몽으로 만들었으며 그 둘 사이에는 건널 수 없는 심연이 그어졌다. 무시무시하게도, 근대적 주체는 그로부터 어떤 결과가 빚어지든 앞으로만 걸어갈 수 있을 뿐이다. 악마의 작품이라는 타당한 말로 불리곤 하는 오류 속을 그저 고집스럽게 나아가기만 할 수 있을 따름이다. 이렇듯 그는 더 이상 세계의 경험을 가질 수 없게 되었고, 정말로 스스로에게 삶이 불가능하도록 만들어 버렸다. 그리고 '나침반 들기mise à la boussole'와 같은 장치들이 적절히 복구하려 하는 바는 바로 이와 같은 단절solution de continuité 현상이다.

이들, 옛날식 진보주의자들은 지구생활자들과 마주치면 늘 당신들은 '초 켜던 시절로 되돌아가기'를 원한다며 비난을 가한다. 우린 웃지 않을 수 없다. 맞는 말이다. 아닌 게 아니라, 근대인들이 발길을 되돌리지 않으려고 제 배들을 불태웠다면 불길에 부서진 궤짝들 속엔 아마 초 몇 토막밖에 남지 않았을 거다! 하지만 우리 지구생활자들은 고작 그런 잔해 몇 점으로 축소되지 않는다. 우리가 다시 '시대에 뒤떨어지게archaïque' 되었다고 보는 건 썩 신통치 않은 의견이다. 우리는 '근대화'라는 단두대의 날에 의지하는 습관에서 완전히 벗어난 것이니까. 우리의 생명이 달린 상류와 우리에게 의존하는 하류의 그 모든 자들이 지닌 생성의 염려를 우리가 무시하지 않기로 한 이상, 어떤 것도 우리가 발길을 되돌리는 걸 방해하지 않는다. 우리에게 그 둘은 마침내 다시 연결된 것이다. '전통'이라는 치욕스러운 말은 우리를 겁먹게 하지 않는다. 우리는 그 말을 발명할 수 있는 능력, 전수할 수 있는 능력, 따라서 지속할 수 있는 능력의 동의어로 여긴다. 생명 형태들이 존재 속에 스스로를 유지하는 방식들을 다시 발견함으로써, 우리는 근대화의 검이 끊어버린 고르디우스의 매듭*을 다시 묶고자 한다. 당신도 예외가 아니다, 당신은 단 한 번도 땅을 떠나려 한 적이 없거든. 당신에게 가이아 말고 다른 자극제가 주어졌던 적은 없다. 당신들 모두는 여전히 아담의 아들이고, 인류이고, 부식토와 마찬가지로 아마도 먼지로 만들어져 있을 테고, 가득 채워져 있고, 넘쳐나며, 다중적이고, 중첩되고, 그리고 결국 아마도 자신이 하는 행위들의 예기치 못한 결과에 역작용을 가할réagir 능력이 있는 것이다.

* 프리기아의 왕 고르디우스는 고르디움 신전 기둥에 매우 복잡한 방식으로 매듭을 지어 전차를 묶고, 그것을 푸는 자가 아시아를 정복하리라는 예언을 남겼다. 이 예언을 들은 알렉산드로스대왕은 매듭을 일일이 푸는 대신 검으로 싹둑 잘라 버렸다.

10.
필멸하는 몸들의 증식

내가 매우 흥미롭다고 생각하는 바는 이런 것이다. 풍경이 다시 움직일 수 있다거나 경제가 마침내 표면적으로 될 수 있다는 점, 그리고 가이아 자체가 익히 알려진 '활기 없는 것들' — '**자연**'은 그것들의 아상블라주assemblage*라 가정되곤 한다 — 과 전혀 다르게 작동할 수 있다는 점을 깨닫는 사람은 많은데, 그럼에도 유독 '내가' 하나의 '생물학적인' 몸을 '가지고 있다'는 건 계속 믿으려고들 한다는 것.

월요일에 나는 살페트리에르**에 들러 택솔Taxol*** 주사를 새로 맞았다. 화요일에는 솜씨가 아주 뛰어나며 본인 스스로도 자신을 "약간은 마법사"라 칭하는 침술사가 내 장딴지에 쓴쑥속의 부드러운 향이 풍기는 뜨거운 침들을 놓아 주었다. 수요일 아침에는 기공 코치인 레티시아 슈빌라르가 내게 천천히 숨을 들이마시면서 에너지를 오른발로 보내는 법을 가르쳐 줬다. 같은 날 오후에는, 이번에는 피티에 구역의 신장병 담

* 또는 조합, 조립. 다양하고 이질적인 재료들, 또는 미리 준비된 부품들을 모아 조립해서 하나의 앙상블을 만들어 내는 기법이나 기술.

** 파리 13구에 소재한 피티에살페트리에르 대학병원L'Hôpital Universitaire Pitié Salpêtrière. 접근 통로에 따라 두 섹터로 나뉘는데 한쪽이 살페트리에르 구역, 나머지 한쪽이 피티에 구역이다.

*** 항암 치료제의 하나.

당의가 컴퓨터에 입력된 내 개인 데이터 뱅크를 검토하며 한쪽 신장의 상태가 궁극적으로는 충분히 괜찮다는 판단을 내렸다. 금요일에마저도 난 새로운 의사를 만났고, 이번에는 심장병 전문의다. 그는 초음파검사를 실시하려 했지만 내 심장이 너무 빨리 뛰는 바람에 검사가 불가능했다. 해서 난 심장 속도를 늦추기 위한 두 가지 약만 또 다시 받고서 그와 헤어져야 했다. 이런 경험은 매우 일상적인 것이다. 하지만 풍경의 반전에 대해 깨닫고 난 후에는 그것을 바탕으로 혹시 나도 내 몸을 풀어주기 시작해야 하는 게 아닌가 자문하게 된다. 격리를 겪은 덕분에 스스로를 완전히 해방시키고 싶다는, 혹은 형이상학에 의해 끝까지 탈바꿈하고 싶다는 욕망이 이는 것이다.

예전의 나라면 내가 '물질적' 기초이자 논의의 여지없이 명백한 토대로 상정되는 하나의 '생물학적인' 몸을 가진다고, 당연히 그렇게 받아들였을 것이다. 그리고 거기다 내면으로부터 경험되는 내 몸, 즉 내 주관성의 신체를 덧붙이는 것 역시도 기꺼이 받아들였을 것이다. 이런 것을 일러 예전엔 '정신신체학적psychosommatique' 효과를 따른다고 했었다. 예컨대 심장이 지나치게 빨리 뛰는 건 불안 때문이다, 바늘들은 재배치되는 에너지의 내적 감각에 따라 움직인다, 이런 식의 설명이 그에 해당한다. 하지만 난 이와 같은 가치 분류 방식은 **지구**를 정당하게 평가하지 못한다는 사실을 깨달았다. **지구**의 물질성은 옛날식 관점의 '물질'과 전혀 다른 방식으로 구성되어 있기 때문이다. 물론 큰 비용을 들이고 많은 인적 자원을 동원해서 여기저기에 우주의 작은 갱들, 단편들segments, 계열들séquences

을 만들어 낼 수는 있다. 하지만 그것들은, 어쨌거나 임계영역 내에서는, 결코 철학적 전통이 말하는 확장된 것에 유사하게 연속된 조직tissue을 그려낼 만큼 많거나 자율적이지 않다. 지구는 차라리 다도해나 표범의 피부, 또는 어릿광대의 알록달록한 외투에 가깝고, 지구생활 세계의 흐름을 구성하는 건 서로 뒤섞이는 생명체들, 즉 산과 대양, 대기와 토양, 도시와 폐허 같은 제 행위들의 침전물 속에서 다 같이 얽히고설키는 생명체들이다.

표면과 심층, 전경과 배경을 혼동하는 것은 영농사업이 하나의 토양을 구성하는 바가 무엇인지를 밝히는 작업이라고 여기는 것과 마찬가지이리라. 오늘날엔 거의 모든 사람들이 이 둘의 차이를 이해한다는 생각이 들지만 말이다. 여러 생산 요소들을 투입하고 농부들의 중독, 침식의 가속화, 강의 부영양화, 곤충들의 멸종 등의 유해한 결과를 일으킬 수 있는 모든 일들을 외부에 발주하면 물론 일시적으로는 생산성을 높일 수 있다. 그러나 그 들판은 결정적으로 밀려나고, 추방되어, 토양 바깥으로 위성화되는satellisé 수순을 밟는다. 소위 풍경이 될 수 있을 어떤 것의 심오한 본질을 표현하기는커녕, 이와 같은 압수는 갈수록 제 본모습을 드러내는바, 일정 기간 동안에 벌어지는 타자들에 의한, 특히 타자들을 위한 땅의 탈취와 난폭한 압수, 점령이 바로 그것이다. 그런 후에 그들은 제 뒤로 황폐해진 땅 표면을 버려 두고 다른 곳으로 도망친다. 영농사업이 들쑤셔 공중으로 날려 버린 들판과 휴식하도록 놓아 두어 저를 구성하는 생명체들의 증식으로 두터워진 토양의 차이를 느끼는 데는 때로 몇 미터 바짝 농학자들을 따라가 보는 걸로 충분하다. 그리고 내가 '느낀다'고 표현할 때는, 그렇고 말고, 그건 진흙덩이를 어떻게 당신 손바닥으로 감싸 쥐는지를 토양학자에게 배운 후에 정말로 코로 그걸 느끼는 걸 말한다.

따라서 문제는 계속적인 것과 단속적인 것 간의 배분, 전경과 배경의 반전이다. '확장된 것', 즉 데카르트의 철학적 소설 이래로 세계의 기반이라 정의되는 '*res extensa*(확장된 것)'는 그 명칭에도 불구하고 국지적으로만, 그리고 우리의 행위 흐름들 중 단편적인 일부분에 있어서만 확장에 성공했을 뿐이다. 농경의 경우를 놓고 보면 이 '확장된 것'은 꼭 나귀 가죽*마냥 줄어드는 듯하다. 그 때문에 급기야는 '근대 농업'이라는 말이 과거의 이상야릇한 요소를 지칭하기 시작하는 듯 느껴질 정도로….

그렇다면, 무엇 때문에 월요일의 암 전문의, 수요일 오후의 신장 전문의, 그리고 금요일의 심장 전문의는 계속되는 하나의 동일한 몸, 내 '생물학적인' 몸에서 그 세 기관을 따로 구분해 재단하려는 듯 굴기만 하는 걸까? 뿐만 아니라, 어째서 내가 나 자신의 심리와 그것이 '송과선glande piénale'**(역시 르

* 19세기 거장 오노레 드 발자크Honoré de Balzac(1799~1850)의 환상 소설 『나귀 가죽*La Peau de chagrin*』(1831)에 등장하는 마법 가죽. 불운한 주인공 라파엘이 우연히 손에 넣게 된 신비한 나귀 가죽은 그가 욕망하는 것을 다 이룰 수 있도록 해 주지만, 그럴 때마다 그것의 크기도, 라파엘의 생명도 줄어든다.

** 심신이원론을 주장한 데카르트는 특히 『정념론*Les Passions de l'âme*』에서 뇌

네 데카르트가 찾아낸 훌륭한 발상이다)의 중개라는 다소 신비스러운 방식에 힘입어 유발한다고 추정되는 효과들을 화요일의 침술사와 수요일 아침의 코치에게 참조케 해야 한다는 걸까? 더구나, 내가 그 의사들의 처리 방식을 제대로 추적했다면, 그들이 거쳐 간 유일한 계속성이라곤 그들 모두가 지극히 진지하게 검토한 데이터 정보 베이스가 전부인데. 그 사실에서 나는 내 기관들의 계속성이 **지도**, 다시 말해 침술이나 호흡 연습 등 여타의 방식들을 통해서도 얼마든지 접근 가능한 몸의 **영토**에 정작 상당히 피상적인 방식으로만 기반을 두는 **지도** 한 장을 형성하고 만다는 느낌을 받았다. 하나의 들판이든 몸이든, 거기서 일어나는 일은 같다. 한 토양이 어떻게 작동하는지를 영농사업이 표현하지 않는 것과 마찬가지로, 생물학자들이 포착하는 그 어떤 차이들도 내 몸의 제반 행위역량을 표현하지 않는다. 이 대목에서도 역시 지도는 아래쪽으로부터, 다시 말해 제대로 된 관점에서 바라보인 영토는 못 되는 것이리라.

나는 의학 권력에 항의하는 게 아니다. 터무니없는 환원주의를 비판하려는 것도 아니다. 다만 내가 **지구**로부터 배운 바와 내 몸이 양립할 수 있도록 애쓸 뿐이다. 소우주와 대우주 간의 고대식 유비론을 다시 부흥시키려는 건 아니지만, 그렇더라도 그 둘이 함께 어울려 작동하도록 하고 싶다. 우리가 '활

제3내실의 내분비 기관인 '송과선'을 통해 정신과 육체가 접촉한다고 보았다. 즉 뇌의 각 부분 중 가장 안쪽에 위치하며 유일하게 오른쪽, 왼쪽이 구분되지 않는 송과선에서 심신의 상호작용이 일어나게 된다는 것이다.

기 없는 것들'과 마주친 경험이 결코 없었다는 게 정확한 사실이라고 한다면, 우리 스스로의 고유한 몸과 만나는 경우는 정말이지 더욱더 그러하다고 할 수 있다! 나는 의사들이 푸주한이 쇠고기 조각을 가지고 그러듯 몸을 조각조각 분해하는데 반해 침술사나 코치는 몸을 하나의 전체로서in toto, 즉 '전일적holiste'*의 방식으로 포착한다고 주장하는 것 또한 아니다. 가이아가 하나의 일관된 총체가 아닌 것과 마찬가지로, 내 몸 또한 일관된 총체가 아니다. **지구**가 하나의 살아 있는 '유기체'가 아니듯, 내 몸 또한 단일한 '유기체'는 아니다. 내 몸을 '총체로' 여기는 것은 그것에서 한 '부분'을 추출하면서 그 부분이 여전히 기능적이기를 희망하는 것만큼이나 의미가 없다. 따로 떼어낸 '한 파운드의 살'이 아무 의미 없듯, '몸 전체corps entier' 또한 아무 의미 없다. 단일성, 가장자리, 경계선, 이런 것이야말로 생명체들에게 제일 결여된 것이다. 그리고 이 점은 의당 부분들뿐만 아니라 총체들에게도 역시 가치 있는 사실이다. 홀로바이온트라는 말이 포착하려 애쓰는 바도 바로 그것이다. 즉, 종속영양생물은 그 정의상 저 스스로가 의존하는 바를 안정화시킬 수 없다. 그들에게 하나의 자기동일성을 부여해 보라, 그러면 그것은 그 일시적인 막을 허용하고 반박하고 지탱하고 쌓아 올리는 모든 존재들과 더불어 필연적으로 불안정한 상황에 빠지리라. 이 사실은 '심장' 이나 '신장'과 같은 개체들

* 의학에서, 질병 치료 시 환자의 심신과 생활 방식 등을 포함하여 총체적으로 접근해야 한다고 보는 관점.

에게든 '천체', '에너지 영역', '아우라'* 또는 '침놓을 지점들'과 같은 개체들에게든 모두 유효하다. 선명한 선들로 이루어진 가장자리 윤곽으로부터 우리 스스로를 구출할 수 있음, 이것이 격리가 제공하는 전적인 이점이다.

그레고르, 와서 날 구해다오. 네 부모는 하나의 '생물학적인' 몸에 더해 하나의 '심리'를 가진다. 잘 알겠다. 하지만, 이처럼 변신을 겪고 난 네 경우는 — 난 그로부터 한 세기 뒤에 그 변신의 의미를 포착하려 애쓰고 있는데 — 대체 어떤 몸에서 사는 걸 익혀야 하는 거지?

'생물학적인 것'이 **지구**를 호출하는 현상에서, 난 그것의 위치가 이미 약간 옮겨져 있음을 눈여겨 본다. 생물학적인 것은 다시금 각종 도구, 실험실, 검사, 데이터베이스, 연구, 임상시험에 의존하고 있고, 국지적 채취와 부분적 포착, 그리고 일부는 예측대로 기능하며 다른 일부는 다소 그렇지 못한 접근 공정들로 **환원**되어 있다. 게다가 '환원주의'라는 말의 유일하게 유용한 의미 또한 그것이다. 실험실의 공정들이 포착하도록 해 주는 사실. 그로부터 알 수 있듯, 이 작은 섬들과 다도해, 스포라데스 제도** 사이사이에는 그토록 많은 빈 공간, 불연속성이 존재하고 있어서, 거기에 족히 한 다스는 될 다른 직업, 장치, 코치와 침술사, 마법사와 난절도亂切刀 등을 덧붙이는 건

* (미학적 개념이라기보다) 다소 '유사 과학적' 의미에서, 미약한 전기 에너지나 인간의 육체에서 방출되는 빛.

** 그리스 연안 에게해의 군도. 24개의 섬으로 이루어져 있다.

더 이상 힘든 일이 아니다. 그리고 이들 모두는 저마다 나름의 수단과 논거와 야망을 가지고 있으되 그중 어떤 이도 하나의 몸으로 존재한다는 경험을 '망라couvrir'할 수는 없다. 이제는 모두에게 얼마간의 자리de la place가 있을 뿐이다.

물론 위의 사실이 그 위에서 모든 상이한 직업들이 이내 서로 분리되는 이 경험의 크나큰 흐름을 어떻게 규정해야 할지 알려 주는 건 아니다. 그럼에도 나는, 가이아 안에 가이아와 함께 격리된 채 사는 경험과 내 몸 안에 내 몸과 함께 격리된 채 사는 경험 사이의 양립가능성을 확인하기 위해, 그것이 필요하다. 더 이상 **지구**에서 떠나지 않는다는 사실에는 익숙해지면서 그와 동시에 여전히, 또 관념적으로, 내 '생물학적인' 몸을 떠나 뭔지 모를 다른 곳의 '진짜 나'가 되는 일이 정말로 바람직하며 막연하게나마 가능하다고 우긴다면 아무짝에도 소용없는 일 아닌가….

예전에 나는 내면으로부터 바라본 사물들이 이루는 동일한 앙상블에 대한 주관적 포착을 "경험된 몸corps vécu"이라는 말로 일컬었다. 그리고 그것에 비할 때 나의 진정한 몸, '객관화'되었거나, 비교적 최근의 표현을 쓰자면, 심지어 '소외된' 몸은 여전히 굳건하게 '생물학적'인 것으로 머물렀었다. 그러나 이제 나는 잠정적이되 상당히 지속적인 방식으로 아상블라주를 이룸으로써 내가 내 생존을 얼마간 더 연장할 수 있도록 허용해 주는 생명체들의 다수성을 이 '경험된 몸'이라는 용어로 지칭하고자 한다. 암 체험에는 다음과 같은 교활한 특징이 있는데, 그것은 다른 존재들보다 더 자유롭게 제 본연의 길을 가는 일부 존재들의 독립성에 흥미를 가지지 않을 수 없도록 만든다. 작디작고, 접근할 수 없으며, 능란하고, 집요하고, 무엇보다도 다른 모든 생명체들과 다를 바 없이 제가 저 자신에게 부여하는 하나의 법칙을 따르는 존재들. 고유하며*sui generis*, 제가 저 스스로의 원인이며, 그 모든 행위역량에 의해, 또 무엇보다도 대표적으로 가이아에 의해 스스로를 말하는 그 존재들. 이 홀로바이온트들의 구름, 서로 중첩되고 얽히고 상호 의존하는 이 몇십억의 역량들은 각기 제 생을 영위하며, 저마다의 선택 여부에 따라 지속하거나 사라지고, 번식하거나 소멸된다. 경험된 몸, 생명체들의 몸, 따라서 필멸자들의 몸은 이제 내가 존재한다는 사실 그 자체의 물질성을 가리킨다. 이는 나의 내면에 대해서나 외부에 대해서나, 이전의 '주관적인' 몸이나 이전의 '객관적인' 몸에 대해서나 다 같이 진실이다. 내가 들이마시는 산소가 박테리아로부터 발원한다면. 또 그 산소를 호흡하는 폐가 마치 하나의 기회와도 같이 그 박테리아를 취했던 저 어마어마하게 긴 계보들에서 오는 것이라면. 그리고 나 자신은, 내가 '내 몸'이라 지칭하는 이 거대한 파도 위에서 잠깐 동안 서핑한다는 그 기회의 포착에 다름 아니라면.

이상이 경험의 계속성을 확언하는, 또는 스탕게르스의 표현대로 "상식을 되살리는réactiver le sens commun" 바람직한 방법이 아닐까? 이는 앞선 세기의 위대한 대체 철학 전통, 가령 윌리엄 제임스*나 화이트헤드**와 같은 이의 영감이기도 했다. 하나의 몸을 가진다는 것은 **작용의 영향을 받을**être affecté 줄 알게 된다는 것이다. '몸'의 반대말은 '영혼'도, '정신'도, '의식'

도, '사유'도 아니라, '죽음'이다. 가이아의 반대말이 화성, 즉 활기 없는 행성이듯이. 이 탄복할 만한 전통은 그저 대체적인 것, 또는 분파적인 것으로서 실증주의의 어마어마한 추방 속에 익사하고 '대가속grande accélération'***의 굉음에 묻혀 들리지 않는 채로 남아 있었다. 오늘날 그것이 다시 들릴 수 있게 된 까닭은 결국 경험이 다시금 저마다의 거주지에 특유한vernaculaire 생성의 경험으로 화하고 있기 때문이다. 대우주는 소우주의 쇄신을 돕는다. 생성의 제반 실천이 계속성을 보장한다 할 때, 이는 인과관계의 전개에 힘입은 게 아니다. 인과관계의 전개는 늘 국지적이니까. 계속성의 보장이 가능한 건 행위의 흐름에 일어나는 모든 단절 및 그 각각의 세부 속에 생성의 실천이 그럴 수 있을 계기를, 계속성에의 해결책을, 영감을, 때로 극미하기 이를 데 없는 창조성을 삽입하기 때문이다. 그럼으로써 가령 세포나 유전자나 사무원이나 의사나 로봇의 행위처럼 가장 일상적인 소행들이 (결국 괴로움을 겪는 일pâtir에 다름 아닌) 제 행위역량들을 약간 더 오래 연장할 수 있도록 말이다. 몸에의 요청은 반세기 전부터, 그리고 다양한 페미니즘에

* William James(1842~1910). 철학자, 심리학자. 미국의 프래그머티즘 철학과 심리학 발전에 큰 영향을 끼쳤다.

** Alfred North Whitehead(1861~1947). 화이트헤드는 순수하게 개별적인 존재란 있을 수 없고, 모든 것은 서로 유기적 의존 관계에 있으며, 따라서 현실적 존재자의 구조 자체가 생성과 과정이라고 보았다.

*** 환경 역사학 용어. 인류세 이후 인간의 행위가 지리, 환경, 기후 체계에 미치는 효과가 더없이 증대되었을 뿐만 아니라, 그 속도 또한 천연자원의 회복 속도에 비해 점점 더 가속되고 있음을 이르는 개념.

힘입어 점차로 확산되었고 — 가령 '아워 바디스 아워셀브즈 Our bodies ourselves'라는 모토가 보여주듯* — 드디어 확장된 것의 모든 교차점에 스며들게 되었다. 처음엔 비판적인 방식으로. 이어 점차로 무대 전체에. 그리고 최종적으로는 가이아와의 놀라운 공명 덕분에, 세계의 짜임이자 새로운 기본 입장이 되어서. 남성이건 여성이건, 우린 모두 생성되어 필멸하는 몸들이며, 그렇게 또 다른 온갖 크기, 온갖 계통의 생성되고 필멸할 존재들에게 우리 거주적합성의 조건들을 빚지고 있다.

* 1970년 보스톤에서 뜻을 모은 비영리 여성단체의 명칭이자 그들이 출간하는 여성의 건강과 성을 다루는 잡지 이름.

11.
민족집단형성ethnogenèse의 재개*

격리라는 힘든 시련을 통해 지구생활자들은 이제 자신들이 어디에 있는지 가늠하게 되었고, 제 자리를 점점 더 잘 확인하고 있으며, 이동을 위한 자신들만의 계측법을 고안해 냈다. 자신들이 의존하고 있는 바가 무엇인지 더듬더듬, 그러나 면밀하게 탐구하는 작업, 그리고 생성의 실천에 기울이는 정성이 바로 그에 해당한다. 그리고 드디어 그들은 필멸하는 몸을 소유하기까지 한다. 하지만 그러다 보니 새로운 수수께끼에 부딪히지 않을 수 없다. 그들은 대체 몇이나 되는가? 그들과 비슷한 또 다른 사회들이 존재하는가? 그들이 이른바 표시 가능한 국경을 소유한 하나의 나라에 속한다는 과제를 새 비용을 들여 가며 다시 맡을 수 있을까? 이 대목에 관련해 카프카의 단편은 우리에게 아무것도 말하지 않는다. 그레고르는 제 동족들과 관련된 증언을 전혀 남기지 않은 채 장의자 밑에서 홀로 말라 죽었다.

'토양', '영토', '민족', '전통', '땅'과 '땅으로의 귀환', '정착', '로컬화', '기관성organicité'**과 같은 용어들이 하나같이

* (민족학에서) 하나 또는 여럿의 민족 또는 부족들로부터 출발해 하나의 민족 공동체가 창조되는 과정. 최근의 민족학 연구에서는 타 문화와의 접촉에 의한 문화변용 또는 문화적응 사례들을 바탕으로 이 주제에 접근한다.

** 하나의 신체가 지니는 기관적 특성. 또는 기관이 있음으로 해서 그 작동을

근대인들에 의해 복속되고 식민화된 채 과거, 구습적인 것, 반동적인 것, 요컨대 미래를 지향하는 큰 힘으로 들어 올려 어떻게든 그로부터 빠져나와야 할 사항들을 기술하기 위한 용도로 쓰였던 만큼, 어려움은 크다. 이 용어들을 다시 사용하는 건 네소스Nessus*의 튜닉을 다시 걸치는 일이나 다름없다. 게다가 실제로 후퇴를 받아들인 이들, 다시 말해 하나의 조국, 국가, 토양이 제공하는 보호와 한 국민, 민족, 또는 꿈속의 과거가 공고히 하는 끼리끼리-주의l'entre-soi를 되찾기로 한 이들이 이 동일한 용어들을 아예 적극적으로 요구하고 나선 이상, 불에 덴 자리는 더욱 화끈거린다. 이들은 이렇게 외친다. "글로벌화가 아무데로도 이르지 않는다면, 적어도 우리에게 확실히 살 수 있는 장소를 하나 달라. 아마도 격리되겠지만 대신 보호받을 수 있는, 그리고 무엇보다도 우리끼리 있을 수 있는 곳으로." 반-근대인들이 근대인들이 내건 지령을 따르는 셈이다. 그걸 거꾸로 뒤집어서 말이다.

지구생활자들이 명백히 주장하는 바는 마침내 지속적으로 땅에 정착하는 것인데, 그렇다면 어떻게 해야 그 땅에의 귀속을 '가볍게'** 만들 수 있을까? 모두를 향한 모두의 전쟁 이외엔 공동의 이상이 부재한 가운데, 중첩된 국가들의 수만큼

통해 일어나는 제반 현상. 가령 철학자 뷔유맹Jules Vuillemin(1920~2001)에 의하면, 사회란 일관성과 안정성을 유지하고 조절하는 힘들의 총체로서 정의되는바, 이 힘들이 인간 본성에 '기관성'을 각인시킨다(『존재와 노동: 심리학과 사회학의 변증법적 조건들*L'Être et le travail: Les conditions dialectiques de la psychologie et de la sociologie*』, Paris, PUF, 1949, p. 114).

나눠 갖기에 한창인 자들에 의해 이미 그 땅이 가로채이고 재영토화되었다면, 어떻게 해야 **지구**를 믿을만한 토대로 만들 수 있을까? 지구생활자들은 이미 오래전에 사라진 한 국가를 자기 홀로 대표한다고 주장하며 철모와 견장, 그리고 발신인도 수신인도 없는 편지들로 가득 찬 우체부 가방이 가진 무기의 전부인 채 떠도는, 저 데이비드 브린*** 작 『포스트맨*The Postman*』의 주인공만큼이나 바보 같아 보일 가능성이 크다. 지구생활자들이 스스로를 더 이상 존재하지 않는 어느 보편 국가의 마지막 대변자로 자처하면서 세계의 나머지를 탐사할 수는 없는 노릇인 것이다…. 그렇다면, 새로운 보편을 발명한다는 건 대체 무슨 말일까?

우선, 우리 지구생활자들이 휴머니티의 보편성을 다시 문제 삼지 않는다고 비난하지는 말기 바란다. 그건 이미 행해

* 그리스 신화에 나오는 켄타우로스. 데이아네이라를 겁탈하려다 그녀의 남편 헤라클레스가 쏜 독화살을 맞았다. 네소스는 죽기 전 독이 퍼진 자신의 겉옷을 데이아네이라에게 건네며 남편의 영원한 사랑을 얻고 싶으면 그것을 그에게 입히라 했다. 훗날 헤라클레스가 이올레와 사랑에 빠지자 질투심을 느낀 데이아네이라는 그의 사랑을 다시 얻기 위해 네소스의 옷을 보냈고, 무심코 그것을 걸친 헤라클레스는 견딜 수 없는 고통 끝에 스스로 불길에 뛰어들어 죽음을 택했다.

** 니체의 서원, "땅이 가볍기를." 그에 의하면 짜라투스트라는 땅을 다시 명명하게 될 것이며, 그 새로운 이름은 '가벼움'이다.

*** Glen David Brin(1950~). 미 우주과학자이자 과학소설의 거장. 스페이스 오페라 장르의 걸작 『스타타이드 라이징*Startide Rising*』을 썼다. 세계 종말 이후를 배경으로 한 그의 또 다른 대표작 『포스트맨』은 1997년에 영화화되기도 했다.

진 일이니까. 그것도 대규모로. 반-휴머니즘은 도처에서 동시에 작동 중인 움직임이다. 더구나 근대화가 일종의 공동 지평 horizon commun이라는 사이비 종점을 제공했던 만큼, 그 끝이 거대한 난장판의 형태를 띠고 만 건 피할 수 없는 일이었다. 그 닻이 일단 뽑히고 나니 모든 건 되는대로 떠내려갈 수밖에. 이 부정적 보편은 예전에 '국제 질서'라 불렸던 것의 철저한 해체로 인해 나날이 위기를 거듭하며 드러나고 있다. 지금으로서는 근대화의 폐허들이 브린이 제시한 풍경과 상당히 닮았다는 사실을 인정하지 않을 수 없겠다. 그리고 그로부터 하나의 격리에서 나와 봤자 오로지 그다음의 새로운 악몽 속으로 들어갈 뿐이라는 느낌이 초래된다.

다른 한편, 전쟁 중인 국가들에 평화를 회복시키기 위해 "하지만 이봐, 결국 우리 모두는 지상의 인간이야, 그 사실이 우리를 단합시키지"라고 말하는 식의 예전 해법 또한 이제는 충분치 않아 보인다. 과거에 이 해법은 두 가지 방식으로 이해되었는데, 그 둘은 모두 토양 바깥으로 나가는 방향이었기 때문이다. "우린 모두 인간이야"라는 말은 다음을 뜻했다. "우리 모두는, 우리의 의식과 이상과 도덕에 의해, 활기 없는 것들과 생물학적인 몸과 동물들의 운명을 동등하게 벗어난다." 그런데 이것이야말로 사방 어디서든 살되 다만 **지구**와 더불어 사는 일만은 제외하는 길이었던 것이다! 즉, 다들 세속적이거나 종교적인 **하늘나라**를 믿고, 그럼으로써 화합 단결해 스스로를 근대화시키며 최종적으로 그 **하늘나라**를 향해 떠나가야만 했다. 이 자랑스러운 금언의 또 다른 결과물 또한 우리 스스로를 지상에 위치시키도록 하지 못하는 건 마찬가지다. "우리는 모두 자연적 존재로서, 물질로 이뤄진 대상들과 동일한 원인에 의해 생산되고 동일한 목적을 향한다. 그러니 **자연**이 그러듯 아무 말 없이 사라짐으로써 우리를 철저히 근대화시키자." 이런 종류의 자연화naturalisation*는 역시나 **지구** 바깥을 향한 도주를 가속화시키고, 똑같이 땅으로부터 뿌리를 뽑아내고, 또 다른 전좌를 초래한다. 그리고 이번의 전좌는 더 이상 **하늘나라**를 향하지 않는다. 그것은 반대편으로, 즉 변경 요새 지대 너머로 기울며 **우주**를 향한다. 즉 이 두 방식은 보편적 휴머니티를 인정하는 보상으로서 주어지는 이중의 망명이요 이중의 도주다. 이렇게 해서 다들 근대화되었지만, 그렇다, 그 대가는 집단 자살이었다! 아주 비싸게 치른 비용이었다. 이 죽음의 충동이 어찌나 강력했던지 붕괴의 각종 테마들이 그처럼 신속하게 인기를 얻게 되었다는 사실이 놀랍지 않을 지경이다. 허탈collapsus 뒤로 가려진 건 욕망의 허탈이라 하리라.

흥미롭게도, 격리는 지구생활자들이 세계 바깥을 향하는 도주의 바깥으로 도주할 수 있도록 돕는다. **지구**와 더불어 인간이 된다는 것의 의미를 자문하며 수면 위로 떠오르는 나라들이 서로를 알아보는 일, 이 중대한 인류학적 과제가 복귀하는 낮은 소리가 사방에서 들려오는 것도 그런 까닭에서다. 상

* 일반적으로는 '귀화'를 의미하나 여기서는 저자의 의도에 맞추어 직역했다. 라투르가 앞서 4장에서 '감추기 좋아하는 자연'이라는 헤라클레이토스의 말을 인용하며 서구 문명에서 '자연'의 의미가 특정화되는 과정을 문제 삼은 것과 같은 맥락이다.

황은 어쨌든 다소 밝아졌다고 할 수 있는데, 그 이유는 보편적 '인간'과 지구생활의 물질적 조건들 간의 절연이 커진 데 발맞춰, 부지불식간에, **민족집단형성** 작업이 재개되었기 때문이다. 그 결과, 향후로는 행성의 다양한 체제들을 고려하지 않을 수 없게 된 듯 보인다. 인류는 각기 다른 행성에서 사는 일을 정말로 감수하기로 한 듯 보이며, 그래서 이제 아무도 자기 능력에 환상을 품어 가며 인류를 하나로 통합하려 하지 않는 듯한 양상이다. 이상의 사실과 더불어 점점 더 공통의 척도를 잃어 가는 이 천체들이 구성하는 유리하거나 불리한 배치들을 탐지하는 가운데, 난 부득이 일종의 점성학이라 할 아래의 내용을 고안하게 되었다.

우선 **글로벌화**라는 행성이 존재한다. 그 행성은 자신들이 디디고 살고 있는 땅의 점진적인 소멸이 어떠하든 그저 스스로를 옛날식으로 근대화할 수 있기를 확실히 희망하는 자들을 여전히 끌어당긴다. 그들에게 '인간적'이라는 건 행성의 운명에 무심한 채, 그것의 임계영역이라는 부서지기 쉬운 박막 같은 존재를 부정하면서 계속 즐거운 상태로 머무는 것을 뜻한다. 이런 식의 글로벌화는 20세기에는 공동 지평을 형성했지만 오늘날에는 그저 전全 지구적인 것의 조야한 버전처럼 보일 따름이다. 이러한 현실 부정은 어쨌든 지상에서는 보편화시키기 어렵다.

그리고 아마도 **퇴장**Exit이라 불릴 수 있을 행성이 존재한다. 거기에 사는 이들은 땅의 한계를 너무나 잘 이해하지만, 그러나 바로 그 이유 때문에 화성이나 뉴질랜드에 자신을 위한 초현대적인 벙커를 고안함으로써 적어도 가상적인 방식으로 땅을 떠나기로 결심한 자들이다. 그들에게서 모든 행사력이 갖춰진 '인간'이라는 단어는 오로지 부자들, 그 대단하다는 0.01%만의 몫이다. 모두를 위한 근대화라는 이상은 버려지고 궁극적으로는 가공할 아인 랜드의 이상만이 현실화된다. 더 이상 어느 누구도 보살피지 않겠다는 것이다! 그들이 그 자리에 그냥 버려두기로 한 자들, 버려져 잊힌 자들은 오로지 '정원외surnumériaires'라는 이름만을 부여 받을 뿐이다.

이어서, 드디어 안전Sécurité이라는 행성이 존재한다. 이것은 소위 낙오자들의 행성으로, 그들은 단단히 격리된 나라들 안에 다시 무리를 짓는다. 이 나라들 역시 완전히 토양 바깥에 있지만, 이들 낙오자들은 적어도 그 나라들이 자신을 보호해 줄 수 있기를 희망한다. 이 세계의 경우에 '인간'이란 말은 대단한 일반성을 가지지 않는다. 그 말은 경우에 따라 '폴란드인', '파다니아인Padaniens'*, '인도인', '러시아인', '백인계 미국인', '한인漢人', '본토박이 프랑스인' 등의 용어들로 대체되는 동시에, 그 적용이 국경들 너머에 사는 이들에까지 해당되는 건 경계되기 때문이다. 보편적 휴머니티라는 이상, 그건 이미 뱃전 너머로 던져진 후다.

이런 무시무시한 제휴 속에서 지구생활자들이 완전히 으

* 이탈리아에서 분리독립 및 자치권을 주장하는 북부의 부강 지역. 파다니아 지역에는 밀라노를 주도로 하는 롬바르디아와 베네치아를 주도로 하는 베네토가 포함된다.

스러졌다는 기분을 느끼지 않을 수 있는 건 네 번째 행성의 강력한 매력 때문이다. 이 행성에 지나치게 빨리 이름을 부여하는 건 위험스럽다고 말한다면, 그건 서글픈 근대사의 중력장에 포섭되지 않으려는 신중함에서다. 이 행성은 '의고擬古적이지'도 않고, 당연히 '원시적'이지도 않으며, 심지어 '근본적'이거나 '조상 추수적ancestral'이지도 않다. 이 행성에는 다수의 민족들이 거주하며, 그들은 비베이루스 지 카스트루의 표현처럼 늘 근대인들의 이하en deça 수준에서 살았다. 그리고 그 사실 덕분에 각종 개발 계획에 최선을 다해 저항하며 살아가는 자신들 특유의 양식을 무수히 다양한 방법으로 유지시킬 수 있었다. 이들, 말하자면 근대외인les extra-modernes들은 그렇듯 자신들의 상자에서 신속히 탈출한 상태이며, 격리에서 벗어나 있다. 아니, 탈식민화되어 있다. 그 때문에 그들이 사는 행성의 이름을 동시대contemporain라 부르고 싶어질 정도다. 전엔 구식obsolète이었지만, 보라, 이젠 이 별이 무서울 정도로 현시대적인de notre temps 것이 되고 있으므로. 나스타지아 마르탱* 이 준엄하게 말한 대로, 산업화된 이들은 우리가 위험에 빠트린 바로 이 민족들에게서 살아남는 법을 배울 수 있다. 이를테면 새로이 문명화되기 위해 "저들에 힘입어 단호히 야생의 상태

* Nastassja Martin(1986~). 인류학자, 작가. 북극 지대 민족 집단 연구를 주로 하며, 2016년에 첫 저서 『야생의 영혼: 서구에 맞선 한 알라스카 부족의 저항*Les âmes sauvages: Face à l'Occident, la résistance d'un peuple d'Alaska*』으로 아카데미 프랑세즈의 루이카스텍스 상을(2017), 이어 프랑수아 소메 상을(2020) 수상했다.

ensauvagés가 되자"고 다짐하면서 말이다….

그렇다면, 이 네 개의 인자들에 매력이나 거부감을 느끼는 가운데 지구생활자들의 기획은 대체 어떤 것이 될 수 있을까? 자신들이 누구인지, 누구와 함께하고 누구에 맞서며 누구를 위해 있는 것인지 더듬더듬 탐사를 시작하는 민족들의 생성 기계에는 스탕게르스가 **외교술**diplomatie이라 일컬은 기술이 필요하다.

물론, 국민국가들은 이미 외교술을 실천하고 있다. 그러나 그들의 국경 내부에 있는 것과 그 외부에 있으면서 그들로 하여금 번영을 이룰 수 있도록 해 주는 것 간의 중첩이 결코 일어나지 않는 이상, 그들의 외교술은 엉거주춤 삐딱한 영토들에서 이루어지는 것이나 다름없다. 국민국가들이 지도상에 나란히, 한 부분이 다른 부분의 외부인 것처럼 나타난다면, 그건 그 국민국가들을 살 만한 곳으로 만들어 주는, 또 어떤 의미에서는 그 국민국가들이 그 안에 주름지어 들어선 저 유령 국가들을 지도에 그려 넣을 길이 없기 때문이다. 물론 국제관계라 불리는 것들, 심지어 모종의 초국가적 기계들machines supranationales이라 할 것들까지도 존재한다. 그러나 그것들은 '사람들이 사는' 곳으로서 영토들과 '살려고 이용하는' 것으로서 영토들 사이에 날로 증가하는 엄청난 분리를 축소시키는 데 이르지 못하며, 그 사실로 인해 외교관들은 제 위임자들의 수익이 얼마나 될지 결코 정확히 파악할 수 없다. 가장 정직한 사실에 배반의 위험이 내포되는 것이다.

'로컬'을 찬양함으로써 국민국가의 포위에서 벗어날 수

있기를 바란들 허사이다. 국가들에 고유한 축척과 그 국가들 안에 삽입된 영토들에 고유한 축척을 분류하는 기준이 결국엔 똑같은 그리드grille이기 때문이다. 반면, 상호의존에 대한 탐색은 아무리 사소한 것일지라도 두 축척 모두를 횡단할 것을, 그것도 때로 여러 차례 그럴 것을 요구한다. 그 어떤 것도 엄밀하게 국지적이거나, 국가적이거나, 초국가적이거나, 글로벌하지 않다. 아마도 행위역량들이 존재하는 수만큼 많은 지도의 경계를 정해야만 하리라. 각각의 강, 도시, 철새, 지렁이, 개미집, 컴퓨터, 초대형 컨테이너, 세포들, 디아스포라, 그러니까 서로 포개어지고 쏟아지고 다른 것들을 향해 넘쳐남으로써 제 속지屬地와 도달점을 감추는 그 각각의 것들만큼이나 말이다. 그 얼마나 뒤죽박죽일꼬!

휴머니즘을 부르짖는 일체의 주장을 솔직히 포기해 버리자고? 생명 형태들이 동일한 방향으로 흐르는 지금에 이르니 그와 같은 유혹이 매우 강하게 든다. 하지만, 근대화된 인류가 자신들의 수효와 불공정, 그리고 명백히 전 지구적인 팽창으로 다른 생명 형태들의 운명에 압박을 가하기 시작해 결국엔, 어떤 예측에 의하면, 6차 대멸종*의 주동자로까지 평가되는 바로 그 순간에 인간중심주의를 버리다니, 그 무슨 회피란 말인가. 클라이브 해밀턴**이 분개하듯, 지금은 이 인류가 제 다양한 형태의 현전으로 다른 모든 생명체에게 덧씌운 짐을 나 몰라라 할 순간이 분명코 아니다. '인류세Anthropocène'라는 용어를 비판하는 데에는 아마도 타당한 이유가 있을 것이다. 그러나 반휴머니즘을 선택하는 것은 미리 도주하는 행위, 가령 아틀라스로 비겨 말하자면 제 무분별함 때문에 짊어지게 된 임무를 방기하는 또 다른 방식일 수 있음을 이해하고 본다면, 이 용어는 도달해야 할 목표를 정확히 강조하는 셈이다. 아틀라스, 처음부터 전부 다 어깨로 으쓱해버린다고? 짓누르는 제 짐, 그걸 그는 어깨 한번 으쓱하는 것으로 떨쳐낼 수는 없다. 아틀라스의 신화가 여전히 하나의 의미를 지닌다면, 그건 어떤 민족들이 다른 민족들 위에 가한 그 무게를 들어 올리기 위해서라고 보는 게 타당하리라.

민족들의 생성 기계가 사방으로 흙을 북돋게 되는 건 지구생활자들이 국지적인 것이건, 국가적이건, 혹은 보편적인 것이건, 국경이라는 개념 자체와 끊임없이 맞붙어 드잡이하기 때문이다. 근대인들의 경우, 우린 그들이 얼마나 토양 바깥으로 나와 있는지 짐작할 수 있다. 알고 보면 이들의 정신적 자원은 오로지 자기동일성과 제 국경에만 기반하니 말이다. 그건 종속영양생물 — 즉 생존하기 위해 다른 생명 형태들에 의

* 또는 홀로세 대멸종l'extinction de l'Holocène. 신생대 제4기에 드는 홀로세는 대략 기원전 1만 년~현재까지의 시대다. 홀로세 생물학적 대멸종의 원인이 인간활동(즉 인류세의 특징)인지, 혹은 이 현상이 널리 보아 제4기 절멸의 일부인지에 대해서는 의견이 나뉘나, 인간의 행위가 이를 한층 가속화시킨다는 사실은 부인하기 어렵다. 가령, 산업혁명 이후 인류의 화석연료 사용으로 대기 중 이산화탄소 농도는 무려 35%나 높아졌는데, 이는 지난 40만 년 중 최고 수준이라는 것이다.

** Clive Charles Hamilton(1953~). 오스트레일리아 철학자, 공공윤리학자, 경제학자. 한국의 자본주의 산업화에 관한 연구로 박사 학위를 받았으며, 전 지구적인 성장 이데올로기를 면밀히 비판하고 기후변화나 공공정책에 실천적, 진보적 관점으로 접근한다. 국내에도 여러 저서가 소개된 바 있다.

존하는 자들 — 을 무기영양생물인 듯, 토착민인 듯, 독립적인 존재인 듯 다루는 것과 다름없다. 혼란은 거기서부터 비롯된다. 베스트팔렌 조약국*들로부터 권한을 위임받은 외교관들의 기능이 국경선의 도면을 놓고 협상하는 데 있음은 쉽게 이해된다만, 홀로바이온트들의 외교술이라니, 그건 대체 무슨 말인가? 그런데, 경계 개념 일체의 경계들을 잡는 것이야말로 외교술의 본질 그 자체다. 이 퍽이나 오래된 기예art의 역사가 어디서 기원했는지 거슬러 올라가 보면 협상의 자원은 한결같이 다음의 사실에서 유래한다. 각 분파들이 대대적인 협박을 무기로 모래 위에 끊임없이 그어대는 저 유명한 '붉은 선들'의 재설정. 마치 그 분파들 스스로가 어디에 속하며 뭘 원하는지를 확실히 안다는 듯이! 마치 하나의 자기동일성을 소유하기라도 한 듯이! 자신들이 그 안에서 보호받고 있다고 믿는 저 얇은 막들의 존망이 얼마나 많은 외부 존재들에 달려 있는지 잘 알고 있다는 듯이. 외교관들의 섬세한 기예는 매번 그들이 자기동일성을 변경modifier함으로써 이익을 변경한다는 사실에서 온다. 무릇 홀로바이온트들, 이 중첩되는 모나드들을 국경 내부로 들이지는 않으니까. 그러느니 바다를 검으로 나누려는 편이 나을 것이라고 라이프니츠는 말했으니, 그가 공연히 모나드들

* 1648년에 체결된 베스트팔렌 평화 조약은 근대 외교 조약의 효시다. 국제법의 출범이라 할 최초의 근대적 외교 회의들을 통해 첫 국제 전쟁이라 일컬어지는 30년 전쟁을 종식시켰다. 종교 전쟁을 해결하기 위한 회의였지만 국익과 영토의 경계선 등 정치적 관점에서 협의가 이루어졌고, 결과적으로 유럽 중부에 국가 주권 개념을 기반으로 한 새로운 질서가 자리 잡게 했다.

의 아버지이자 외교술의 거룩한 수호성인인 건 아니다.

따라서 문제에 착수하는 방식은 달라야 한다. 길은 보편이 **지구**와 우주에서 같은 방식으로 작동하지 않는다는 사실을 깨달을 때 열린다. 이것은 말하자면 로컬에서 글로벌로, 작은 것에서 큰 것으로, 특정적인 것에서 일반적인 것을 향해 점진적으로 이행해야만 할 어떤 등급의 문제가 아니라 계측법métrique의 문제다. 오늘날엔 그런 식의 도정이 멈췄으나, 예전에 보편 개념les universaux은 제 전이 양식을 우주 내에 존재하는 방식, 즉 하나의 사례가 모든 사례의 역할을 대신할 수 있다는 사실에서 빌렸었다. 이른바 '왕립 과학sciences royales'은 우리를 이 치명적인 일반화에 길들였다. 데카르트는 빛살 한 줄기의 측정 결과 몇 가지를 안정화시키자마자 『세계와 빛에 관한 논고*Traité du monde et de la lumière*』를 작성했다. 파스퇴르가 조제프 메스테르에게 광견병 백신을 주사하기 무섭게 이미 보건학자들은 '감염병의 종말'을 공언했다. 소니사가 두 대의 인간형 로봇이 머리를 끄덕거리도록 만드니, 이런, 사람들은 벌써부터 포스트휴머니즘을 예고한다! 근대인들은 결코 한 가지 사실만을 확인하거나 한 가지 기술만을 장려할 줄을 몰랐다. 또는 객관적 인식이라는 이상을 마술과 혼융했었다. 그들은 항상 마법 같은 해결책만을 추구했다.

그런데, **지구**와 함께할 때 만사는 서로 그런 식으로 전염되거나, 결탁하거나, 퍼지거나, 뒤얽히거나, 복잡화하지 않는다. 아 그렇다, 물론 퍼지는 건 맞지만, 그러나 점차로, 중첩된 다른 존재들의 지탱을 고려해 가며, 그리고 결코 하나의 단계를 훌쩍 건너뛰는 법 없이 퍼지는 것이다. 그 안에서 과학들은 천천히 거닌다. 마술의 원조 없이. 우주에서 빌려 온 옛날식 보편들은 **지구** 위에서는 통용되지 않는다. 오, 코로나19 바이러스가 격리된 자들에게 제공한 훌륭한 교훈이여, 그것은 우리가 입에서 입을 거치며, 손에서 손을 거치며 완벽하게 나아갈 수 있음을, 그리하여 몇 달 사이에 행성을 몇 바퀴나 일주할 수 있음을 상기시켰나니. 이것이 바로 세계화의 한 주역 globalisateur이로구나! 적어도, 팬데믹 덕분에 앞으로는 아무도 '점점 더 가까이'라고 말하지 않으리라. 그리고 이것은 필연적으로 우리가 영원히 '로컬로' 그리고 서로 '뚜렷이 구별되는 채로' 남아 있어야 하리라는 사실을 의미한다.

이로 미루어 볼 때, 우리가 완전히 빈털터리가 된 게 아니다. 각 경계는 다른 경계를 숨기고 있으며 매 등급의 변화는 매번 다른 생명체의 중계를 가정한다는 사실을 주지하면서 모색을 계속해 나간다는 제 최초의 소명을 외교술이 다시 찾은 것일 따름이다. **지구**는 마침내 거의 모든 곳에 침투하게 되었다. 그런 마당에 제 번성의 양식들을 이어 가려는 자들이 계속 퍼져나가지 못할 이유가 있을까? 물론 그들은 천천히, 또 제반 충돌을 훌쩍 뛰어넘을 수 없는 채 그래야만 하리라. 따지고 보면 가이아 역시도 단숨에 커다랗게 태어난 건 아니다. 시시각각, 발명에서 발명으로, 가공에서 가공을 거치며 그렇듯 커진 것이다.

12.
아주 기이한 전투들

격리를 입문 수업으로 삼기. 이는 격리에서 향후를 위한 교훈을 끌어내고자 노력하는 일을 이른다. 말하자면, 또 다른 위협 앞의 또 다른 공포로 인해 우리가 다시 봉쇄될 때를 대비해, 그 준비와 전반적 훈련의 역할을 코로나 바이러스가 담당할 수 있도록 하자는 것이다. 격리가 지속될수록, 또 그것이 단속적으로 진행될수록, 교훈 또한 한층 혹독해지되 그만큼 더욱 지속 가능한 것이 되리라. 다들 더 이상 바깥으로 나가지 말기를! 바깥, 그것은 실제로 위태로운 상태에 처한 또 다른 덮개, 또 다른 생물막, 또 다른 임계영역이다. "모두 아래로 내려갈 것. 당신들은 더 멀리 갈 수 없다." 어제와 오늘 사이, 착한 아들이자 건실한 사원인 자신과 털이 부스스한 다리 여섯 개의 불안정한 움직임을 제어하려 애쓰는 바퀴벌레인 자신 사이에 어찌나 큰 심연이 존재하는지, 옛 시절, 다시 말해 근대의 시간을 회상하면 그레고르, 그는 거의 까무러칠 지경이다.

그리고 이런 격리의 느낌에 넌 긍정적인 의미를 부여하려 애쓴다는 건가? 우리를 놀리나! 우린 마스크 때문에 숨이 막히는데, 그리고 다들 마비된 듯한 이 얼굴들, 우리 부모와 친지들로부터 2미터씩 떨어져 있어야만 하는데? 반대로, 우린 편안하게 폐 하나 가득히 호흡하고 싶고, 앞으로 나아가고 싶고, 다시 아무 걱정 없는 상태가 되고 싶다고, 그래, 그리고 비행기도 타고 싶단 말이다!

자, 이렇듯 새로운 갈등의 선線들을 인지하기 위해 굳이 멀리 갈 필요도 없다. 그 선들은 바로 우리의 폐를 가로지르니까. 우리는 예전처럼 숨 쉬고 싶다. 하지만 '예전처럼 계속하자'고 주장하는 이들조차도 우리를 질식시킨다 — 그리고 우리는 그들과 결탁conspirons*하고 있는 것이다. 우리가 숨 가빠하며 덮어 쓰는 마스크가 됐건, 화재의 연기가 됐건, 경찰의 탄압이 문제건, 북극까지 덮친 기온의 압박이 문제건, 행성의 호흡 체계 전체는 전 단계에 걸쳐 교란되었다. 모두 만장일치로 외친다. "우리는 숨이 막혀!" 적어도 그 외침은 그레고르의 닫힌 방에서와 마찬가지로 잠자 가족이 처박히는 변변찮은 부엌에서도 들려온다.

이 모두를 향한 모두의 전쟁을 난 예전과 같은 방식으로, 즉 한 나라가 그를 통해 다른 나라를 점령하는 일에서 느낄 뿐만 아니라, 내게 존속을 허용하는 존재들 중 어떤 것들의 부당한 점유를 통해서도 감지한다. 예컨대 이런 곤충, 이런 화학품, 이런 금속, 이런 원자에서 — 그렇다, 원자들까지도 여기 포함되는 것이다 — 또 물론 기후도 빼먹을 수 없다, 아, 정말이지 잊을 수만 있으면 좋을 텐데 이제는 결코 우릴 놓아주지 않을 이 기후 문제라니… 그리고 이 같은 점령, 땅의 탈취는 다형적이며 전 등급에 걸쳐 있다. 모든 시민이 자신을 살도록 해 주는 세계 이외의 세계에서 사는 이상, 이는 필연적인 결과다. 홀로바이온트들은 모든 타자들에게 의존함으로써 자기동일성을 획득하는 만큼 결코 그들 자신의 정체성에 의해 정의될 수 없다. 그 정의상 그들은 늘 불안정한 상황에 있고, 제가 의존하는 다른 이들과 함께 포개어져 있다.

어느 적극적인 행동주의자와 국민국가의 시민인 내가 접촉하게 될 때마다 우리 둘이 함께 깨닫는 바는 그와 나의 정체성, 경영, 각종 생산과 기술 면에서, 그리고 물론 우리의 심오한 자아에서마저도 경계들이 별반 타당성을 가지지 않는다는 사실이다. 저마다의 경우에 따라, 가령 내 조카는 제 포도를 수확하기 위해서는 8월 중순부터 포도 수확인이 필요하다는 것을, 내 딸은 자신의 생명기biotome**가 스스로 대수롭지 않게 여겼던 식생활에 달렸다는 것을 깨닫는다. 또 내 친구는 자기 차의 앞 유리창에 더 이상 곤충이 들러붙지 않는다는 사실을 알아차리는데, 그 곤충이야말로 그가 기르는 과실수의 가루받이를 담당했던 것이다. 그런가 하면 내 이웃은 자신의 공장에 꼭 필요한 희토류가 모조리 중국의 수중에 매여 있다는 사실을 깨닫는다. 결국엔 모든 이가 대기의 온도는 자신들이 일상적으로 행하는 각 행위의 온도에 달렸으며, 매사가 다 그와 같은 식이라는 사실을 이해하게 된다. 각각의 만남은 그 내부에서 지금껏 한 행위자의 행위가 펼쳐졌던 경계들이 겪는 시험에 해당한다. 앞서 하나의 영토를 한정했던 바를 조금씩 침범하는 다른 행위자들에 의해 경계들은 매번 범람한다. 그리고

* 직역하면 '함께 숨 쉰다'.

** 'biotome'은 그 자체로는 두 식물군 사이의 경계(환경적 인자로 발생한 단절)를 지칭하거나, 체내 기생충과 같이 열등한 일부 동물들의 발달 과정 중 어느 한 생명 단계를 가리키는 다소 드문 용어다.

그 사실이 격리의 지속 기간과 강렬함과 불안을 또 한 차례 증대시키고, 점령하는 힘들을 계속해서 밀어내야 한다는 느낌을 부여한다.

이렇듯 난 두 개의 세계 사이에 놓인 나를 발견하는데, 하나는 그 안에서 내가 전 과정을 갖춘 시민으로서 각종 권리의 보호를 받고 살아가는 세계다. 또 다른 하나는 보다 광대하며 그 범위를 잡는 일은 경우에 따라 더 쉽거나 덜 쉽지만 어쨌든 갈수록 점점 더 채워지고 더 멀리 뻗어나는 환경, 즉 내가 그를 통해 살아가는 세계다. 말하자면 서로 가까우면서도 단절되어 있는 두 개의 환경. 이로부터 내게는 정치적, 도덕적, 정동적 질문이 다음의 문제 제기로 이행한다. 이 두 번째 세계로 무엇을 할 것인가? 차츰 내 앞에 모습을 드러낸 이 두 번째 세계를 있는 그대로 포함하기 위해 내 나라의, 내 민족의, 내 국가의 국경을 확장한다는 것은 무슨 뜻이겠는가? 나는 다른 정체政體의 거주민이 되는 것인가? 민족집단형성이 앞선 내 소속 관계들을 심각하게 붕괴시키기 시작하는 지점이 거기다. 난 더 이상 어디가 내 나라인지 모르겠다. 어디가 내가 속한 땅인지 이제 알아보지 못하겠다. 나는 길을 잃었다.

내 몸과 내 생태적 지위와 내 영토의 각 부분에는 내게 쾌적함을 선사하거나 불행을 줄 타자들이 들어차 있다. 나도 친구들과 적들을 무척이나 갖고 싶다. 그들이 기지인지 전선인지 거진 식별할 수 있게 해 주는 선들을 통해 정비된다면 오죽 좋겠나. 내 적수들이 유니폼을 입고 있기를 바라지는 않는다만, 그래도 그들을 알아볼 수 있었으면 좋겠다. 흡사 아무 표식

없는 민병대들이 평범한 자동차들 속으로 이동해 행동을 개시하는 듯 다형적인 이 전투보다 더 나쁜 건 없다. 이산화탄소를 발생시키는 자들은 어디에 있나? 그리고 벌들을 파괴하는 자들은, 대체 그들이 내 정원 안에, 아니 심지어 내 벽장 속에 들어 있지 않다는 걸 어떻게 아나? 코로나19 바이러스 감염자들은 또 어떤가, 마스크 뒤에서 어떻게 그들을 가려낼 수 있나, 더욱이 그들이 '무증상자'라면? 석유 탐사 지원금의 수혜자들은 또 어디서 색출해 내나?

내게 해결책이 하나 있다 치자. 살아남기 위해 내가 생명의 차원에서 필요로 하는 바를 그럼에도 국경 바깥으로 던져 버리는 행위가 그것이다. 그렇게 함으로써 나는 저 두 번째 세계로 접근하는 혜택을 계속해서 누리는 한편, 인간이건 아니건 저 여타의 행위자들이 사실상으로나 또 나와 동등한 법적 권리상으로나 일체의 시민권의 형태에 접근하는 것을 막을 수 있으니, 완벽한 해결책이 아닐 수 없겠다. 그런데, 피에르 샤르보니에의 말마따나 이와 같은 거부는 당연히 나를 불안정한 상황에 처하게 하리라. 나는 계속해서 영토들을 점유해야 하는데, 다른 한편으로는 그것들의 현전을 부인하고 있기 때문이다. 이것이야말로 영락없는 적출자extracteur의 입장이다. 다시 말해, 관계된 것이 식민지이건 석유이건, 희토류건 낮은 임금이건, 점령을 유지하기 위해 극도의 폭력을 행사하는 동시에, 첫 번째 세계의 권리들을 두 번째 세계로까지 확장시키지 않음으로써 역시 못지 않게 난폭한 방식으로 책임 일체를 거부하는 것. 이는 땅의 탈취prise de terre를 구성하는 두 개의 집게이기도 하다. 하나는 제 것으로 삼고 나머지 하나는 배제한다. 항상 재개되는 **인클로저**enclosure* 현상이다. 하지만 내가 어떻게 이런 긴장을 견뎌낼 것인가? 이런 식의 적출주의extractivisme는 결국 미치게 만든다. 당연하게도, 그와 같은 모순을 흡수할 수 있는 유일한 수단은 세계 밖으로 도망치는 일뿐이니까. 나는 우선 기후회의주의climato-scepticisme에서 시작할 테고, 그래서 어디에서 끝맺게 될 것인가? 음모론자들과 함께 하게 되려나?

그렇다면 이 **적출자**들은, 이들은 내 적인가? 무슨 소리, 나는 내 인생의 모든 순간에 걸쳐서 그들 중 하나이리라! 행여라도 그들에게서 떨어져 나오면 대체 내가 어디로 갈 수 있겠나? 나머지 다른 해결책은 견디기가 더 어려운데. 내가, 신념을 얻은 시민으로서, 그 안에서 내가 사는 세계와 내가 이용해서 사는 세계를 새로운 궤적, 새로운 테두리로 한꺼번에 **묶고**, 그렇듯 한데 감긴 앙상블에 대해 "자 여기가 내 땅이요, 이곳이 내 민족이다!"라고 말한다고 가정해 보자. 어떤 일이 일어날까? 이번의 나는 여태까지 내가 다소 무사태평한 그곳 시민으로 살았던, 그 국민국가를 상대로 불안정한 상황에 처할 것이다. 무수히 많은 이주민들 — 그들은 인간일 수도, 아닐 수도 있다 — 을 내 새로운 시민권 정의에 포함하는 걸 거부하는 이

* 15~16세기, 이어 18~19세기에 걸쳐 근대 유럽, 특히 영국에서 일어난 움직임. 영주들이 목양업과 대규모 농업을 하고자 미개간지나 공유지에 울타리를 쳐 제 사유지로 만든 데서 유래했다.

들이 보기에 나는 배반자가 되어 있으리라. 내가 유능한 행동주의자로서 나의 탐사를 확장하고, 내 새로운 영토를 다시 채워 붐비게 하고, 더 많은 지식을 불러 모으고, 상호 경험을 불려 나가고, 그리고 **적출자**들의 관습에 점점 더 단호하게 반대해 갈수록, 갈등과 대립 또한 점점 더 증가하리라. 그리하여 난 이렇듯 또 다시 모든 소속의 바깥으로 내동댕이쳐지고 말리라.

지상의 조국patrie terrestre을, 아니 보다 적절히 말해 어머니-조국-지구생활la mère-patrie-terrestre을 그들 자신의 고향의 정의에 포함시키고자 하기 때문에 조국이 없는 이들을 어떻게 명명해야 할까? '무정부주의자'? 그렇기는 하다, 그들은 제가 태어난 국가의 국경을 거부하므로. '사회주의자'? 그러고 싶다면 그렇게 불러도 좋다. 그러나 예전의 사회 개념 안에 대체 어떻게 지의와 숲과 강, 부식토, 그리고 한결같이 불쾌하기는 하지만 이산화탄소를 포함시킬 수 있을지? 그러면 세계가 행성이 될 수도 있다는 전제하에, '세계 시민'? '국가'라는 것이 비-인간으로까지 뻗어나갈 수 있다는 전제하에, '국제주의자'? '상호의존주의자'? '임계영역주의자'? '공정주의자'? '재접속주의자'?

적출자들이 두 세계의 점령을 폭력으로 유지하고 부인이라는 또 다른 폭력에 의해 도망친다면, **수선자**들Ravaudeurs은 — 나는 잠정적으로 이 이름을 사용하고자 한다 — 제 적들이 점령해서 약탈한 후 버리고 떠난 영토들의 또 다른 짜임을 재창조하기 위해 싸워야만 한다. 그러나 그들은 그 같은 수선에 국민국가의 그 어떤 사법적, 경찰적, 국가적, 정서적, 도덕적, 주관적 자원 없이 임해야만 한다. 자신들이 여전히 그 국민국가들의 내부에, 적어도 지금으로서는 포함되어 있음에도 말이다. 또 무엇보다도, 그들은 자신들이 그 풍속과 관습과 요구 사항 대부분을 모르는 가운데 얼싸안으려 하는 저 두 번째 세계의 무수히 많은 개체들로부터 아무런 협조도 확보하지 못한 채 그 수선에 임해야만 한다. 더구나 사안을 더욱 복잡하게 만드는 점이 있으니, 홀로바이온트들의 중첩은 각각의 국경 너머에 또 다른 국경, 즉 그때까지 몰랐으나 그다음부터는 고려해야만 하는 또 다른 조작자opérateur들의 세계가 드러나도록 만든다는 사실이 그것이다. 그로부터, 이제는 전혀 공동적이지 않은 한 세계의 참여자들 각각에 관해 '환경적environnemental'이라 불리는 무수한 논쟁이 초래된다. 고기, 원자, 숲, 풍력 터빈, 백신, 자동차, 벽돌, 살충제, 물고기, 종자, 강 등 이후로는 모든 것이 대립의 소재인 것이다. 그리고 이 대립들은 식별 가능한 하나의 표로 정렬되지 않는다.

앞선 두 세기 동안에는 커다란 기계 한 대, 즉 거대한 무대 장치법이 꼼짝하지 않고 버텨 서서 모든 대립을 정비하고, 어디에 위치해야 올바를지 대략적이나마 그 자리를 가늠할 수 있도록 해 주었었다. 그것은 부자와 빈자 간의 대립, 프롤레타리아와 자본가 사이에 그어지는 구분에 의해서 한층 분명해지는 대립이기도 했다. 오늘날에는, 그러니까 이런 용어들을 수용한다면, 적출자들과 수선자들 사이에 일어나는 신흥 대립이 그 편재遍在성과 강도, 난폭함, 복합성을 통해 앞의 것과 동일한 역할을 행사한다. 단 차이가 있다면, 새로운 대립은 단순히 인류만이 아니라 그 너머까지 동원한다. 이 대립이 세계적mondial이라고 말하는 건 아마도 완곡어법쯤에 해당하리라. 그것은 세계를 관건으로 내걸지만, 대립하는 측에 따라 그 세계라는 것의 정의는 근본적으로 다르다. 또 무엇보다도 이 대립은 예전에 계급 전선이던 것을 수많은 다방면의 하위 분과들을 통해 횡단한다. 우리는 그 사실을 노란 조끼les Gilets jaunes* 운동을 통해 배웠다. 마침 '상호교차성intersectionnalité'**이란 표현이 시기 적절하게 등장한 듯하다. 인간들 사이에 일어나는 충돌들 중 새로운 것을 포착하기 위해 고안된 이 표현은 **적출자**들과 **수선자**들 간의 대립을 묘사하는 데 한층 적합하다. 이들의 대립은 매 관건마다 전선들을 다시 그리도록, 그리고 또 다른 영토들에서 일어나는 여타의 연합 관계들을 다시 짜고, 수선하고, 긁어내고, 깁도록 강요하기 때문이다.

예전의 무대 장치법은, 각종 불공정이 '생산 체계' 내의 포지션에 의해 표시되었던 이상, **경제**에 의존했었다. 그러나 새

* 2018년 10월, 프랑스 정부의 새 조세개혁안이 주로 중산층과 노동자층에게 부담을 준다는 점이 발단이 되어 노란 조끼를 걸친 대규모 시위대가 결집하기 시작했다. 시위는 세금 인상 반대에서 시작해 점차 프랑스 사회의 근본 모순을 드러내는 여타 정치적 주제들로 확장되었고, 에마뉘엘 마크롱 대통령의 사임을 요구하는 등 전국적으로 격렬한 파장을 일으켰다.

** 또는 '교차성'. 1989년, 미국의 흑인 여성 페미니즘 연구가 킴벌리 크렌쇼Kimberlé Crenshaw가 제시한 정치적, 사회학적 개념. 이에 의하면 한 사회에서 인간은 동시에 여러 형태의 층위로 이루어진 지배와 차별을 겪는 상황에 놓인다. 가령 성별, 젠더, 인종, 민족, 계급 따위의 정체성이 결합되었을 때 원래 없던 차별이나 특권이 생기는 경우를 이 개념을 통해 설명할 수 있다.

롭게 시작된 이 이상한 전투들에서 **경제**는 그저 표면의 베일에 지나지 않으며, 그 관건 또한 생산이 아니다. 문제의 핵심은 생성의 실천에, 그리고 그 내부에서 끊임없이 역사가 전개되는 덮개 그 자체를 스스로의 행위를 통해 지탱해 주는 저 생명 형태들의 거주적합성 조건들을 유지, 계속, 나아가 확대시킬 가능성 여부에 있다. 여기서 역사는 단지 계급투쟁의 역사뿐만 아니라 니콜라이 슐츠*가 "지구사회학적 계급들classes géosociales"이라는 명칭하에 연구 중인, 거주적합성을 위한 투쟁에 든 이 새로운 계급들, 동맹들, 소대들의 역사까지 포함한다. 인류의 비인간-되기le devenir-non humain는 불공정의 방향을 바꾸고, 그 결과 이제 독점되는 것은 '잉여가치'가 아니라 발생의 능력, 말하자면 존속 또는 생성의 잉여가치이기 때문이다.

적출자들과 **수선자들**의 전투를 두 개 진영으로 나눠 정비할 수 있는가? 불가능한 일이다. '진영'이라는 말은 혁명기에나, 다시 말해 거대한 변증법적 전복 운동에 의해, 또는 한정된 시간 속에 일관되고 신중하게 시행되는 일종의 극단적 조작을 통해 하나의 세계를 다른 세계로, 그것도 근본적이며 전적인 방식으로 대체할 수 있다고 믿었던 시대에나 의미를 가졌기 때문이다. 그럼에도 소름 끼치는 역설이 있으니, 그 같은 대체, 그 같은 거대한 전복이 이미 발생했다는 사실이 바로 그것이다. 그리고 우리는 그렇게 대체된 이 세계, 근대화된 세계, 바로 그것으로부터 나가 우리 자신의 세계를 — 또는 그 번영을 위해 여전히 남아 있을 것을 — 되찾으려는 것이다. 인류세. 이것이

저 영광의 해인 1989년, 우리가 '공산주의에 대한 승리'를 기리는 동안에** 우리의 발밑에서 이뤄진 그 전면적인 혁명의 이름이다. 승리라니, 이 얼마나 이상한 패배인가!

현행의 모든 전투를 그토록 기이하게 만드는 특징은 우리가 분명 전쟁 중임에도, 그리고 그 전쟁이 죽음을 건 전쟁, 섬멸의 전쟁임에도, 그것을 진영들로, 가령 한편이 다른 한편에 승리를 거두리라 상상하면서 두 개 진영으로 나누어 조직할 수 없다는 느낌이 든다는 점이다. 우리가 동일한 하나의 깃발 아래 모이기 위해서는 자기동일성에 대해 믿어야 하는데, 작금의 위기가 드러내는 사실이야말로 모든 정체성 개념의 한계들이기 때문이다. 적들은 도처에 있으며 무엇보다 우리 안에 있다. 제 본연의 움직임 — 이는 사물들이 단순히 '활기 없는 대상들'로 간주되며 분명한 방식으로 멀리 떨어져 있던 시절에는 우리가 미처 식별하지 못했던 움직임이다 — 을 재개한 사물들의 예견치 못한 중개를 통해 그들이 우리 영토 안에까지 침투했기 때문이다. 이로부터, 땅의 본성을 한 땀 한 땀 재구성해야 할, 그렇다, 그것을 수선해야 할 책무가 생겨난다. 그리고 임계영역의 각 세부는 우리를 내포하며 우리에게 책무를 부과하는 그것 스스로의 세계다.

* Nikolaj Schultz(1990~) 덴마크 사회학자. 라투르의 지도하에 신기후체제와 계급 문제를 연관 지은 연구 작업을 수행했다.

** 1989년 11월 9일의 역사적 사건, 베를린 장벽 붕괴를 가리킨다. 그에 이어 1990년에 통일독일이 출범하고 그 다음해인 1991년에 구소련이 해체된다.

이 사실에서, 컨소시엄의 나침반 위에 발을 디딘 나는 이렇게 자문한다. 나의 아주 사소한 행위들 여하에 따라 내가 지금껏 그 혜택을 입어 온 이들의 생이 증대되거나 고갈될 수도 있다고? 더구나 서로서로 끼워져 있는 홀로바이온트들이 전 단계에 걸쳐 펼쳐짐에 따라, 그런 그들의 수는 끊임없이 늘어난다. 예전에는 '전진'하면서 이 세계를 다른 세계로 대체하려는 정치적 문화, 정치적 정동이 존재했다. 그러나 이 점이 충격적인데, **지구**에 스스로를 맞추려는, 이 세계를 다른 세계로 대체하기를 멈추려는 정치적 문화와 정동은 존재하지 않는다. 그 때문에 정동과 태도와 감정 들을, 심지어 행위라는 것의 의미마저도 바꿔야 하지 않을까 싶을 정도로. 오, 가련한 근대인들이여, 당신들이 옛날식 인류, 즉 모든 속박에서 풀려나 진보를 향한 길을 걸으며 저 바깥, 바깥의 공기를 흠뻑 들이마시던 자유로운 인류로 도로 돌아가기를 열망한다는 걸 누군들 이해하지 못하겠는가! 그레고르를 괴롭힌 그 고통. 그러나, 그럼에도 그는 그와 같은 유혹에 넘어가는 것이 제 생명을 잃는, 그리고 우리로서는 우리 생명을 잃는 제일 좋은 길임을 빠르게 깨달았던 것이다.

13.
사방으로 흩어지기

반복되는 봉쇄에서 일련의 교훈을 끌어냄으로써 그것을 거의 형이상학적인 경험으로까지 만들 수 있기를 바라다니, 아주 이상한 일이다. 나도 인정한다. 그럼에도, 문제되는 핵심은 바로 그 — 메타méta-건, 인프라infra-건, 파라para-건 간에 — 피지크physique다. 이 시련 덕분에 우리는 자신이 어디에 격리된 것인지 스스로 아직 모른다는 사실을, 또 우리를 둘러싼 사물들의 견고성, 내성耐性, 생리, 공명, 결합, 중첩, 고유성, 물질성을 우리가 동일한 방식으로 느끼지 않는다는 사실을 인정하게 되었으니까. 앞서 근대인들은 시대를 바꾸기를 희망했다. 이제 그들은 공간 안에 자리 잡는 법을 다시 배워야만 한다. 2년 전만해도 기후 문제에 대한 무심함의 원천이 무엇인지 살피기 위해서 세미나를 열곤 했다. 그리고 지금은 그 문제가 분명한 현안이라는 걸 모든 이가 이해하지만, 그렇다고 해서 어떻게 그것에 대처해야 할지를 알게 된 건 아니다. 이유인즉, "어떤 일을 해야 하는가? 어떻게 이 상황을 벗어날 것인가?"라는 정치적 질문 뒤에서 "대체 우리는 어디에 있는가?"라는 또 다른 질문이 모습을 드러냈기 때문이다. 봉쇄 덕분에, 그리고 심지어 우리 얼굴을 먹어 버리고 우리 호흡을 막는 이 끔찍한 마스크 덕분에 드디어 우린 정치적 위기의 뒤쪽에서 **우주론적** cosmologique 위기의 돌입을 느끼기에 이른다. 모든 것이 생명체들의 작품인 도시에서든, 모든 것이 생명체들의 행위의 흔적을 간직하는 전원에서든, 우리는 단 한 번도 어떤 '활기 없는 사물'과 마주친 적이 없었던 것이다.

당연히, 이번이 처음은 아니다. 나중에 산업국이 될 국가들은 그 같은 질서의 변천을 무수히 겪었다. 이는 특히 16~17세기의 전환기에, 즉 이들이 스스로 그 안에 갇혀 쓰러져 있는 인상을 풍겼던 예전의 유한한 코스모스cosmos fini에서 벗어나, '신세계'의 난폭한 포획을 통해 그 윤곽이 그려지고 코페르니쿠스에서 뉴턴에 이르기까지의 아찔한 발견들에 의해 증폭된 무한한 우주univers infini 속으로 앞다투어 달려갔을 무렵에 두드러졌다. 법droit, 정치, 건축, 시, 음악, 행정, 그리고 물론 이 최초의 변신을 받아 담을 학문 등, 모든 걸 전부 다시 손봐야 했다. 이제 땅덩이가 행성들 중 하나가 되어 돌기 시작했다는 사실을 받아들이기 위해서 말이다. 갈릴레오 이후로는 우리가 다른 세계에서, 바꿔 말해 땅 위로 옮겨지고 접목되고 이식된 우주에서 살아가게 되리라는 것이 통념이었다. 그러나 **지구**는 그와 전혀 다른 물질로 형성되었다. 다른 세계 밑으로 재차 또 다른 세계가 드러나는 셈이다. 역사는 또 한 차례 스스로의 맴돌기 속에 닫히려는 것일까? 함정으로 가득 찬 어떤 역사여. 어떻게 하면 방향을 잃지 않고 이 역사 안에 똬리를 틀 수 있을까?

오늘날, 땅은 또 다시 돈다. 하지만 이번에는 저 스스로에 의해, 저 스스로 위에서 돈다. 그리고 우린 우리 자신을 그 한복판에서, 그 땅 안에 삽입되고 격리되었으며 임계영역 안에 틀어박힌 자로서 다시 발견하며, 더 이상 그곳에서 새롭게 거대한 해방의 무훈시를 읊지 못한다. 오히려 난 내가 세탁기의 드럼통 안에서 압력과 고온에 의해 미친 듯 도는 빨래 같은 느낌이다! 법, 정치, 예술, 건축, 도시 할 것 없이, 모든 걸 새롭게 다시 발명해야만 하는데, 더욱 기이한 건 동시에 움직임 그 자체 즉 우리 행위들의 벡터마저도 재창안해야만 한다는 점이다. 이제는 무한 속을 전진하는 것이 아니라 유한 앞에서 후퇴하는 법, 대열에서 벗어나는 법을 배워야만 한다. 그것이 또 다른 방식의 해방이다. 암중모색의 형태를 띤 해방. 흥미롭게도, 다시 반격할 수 있게 되기 위해서. 그렇다, 맞다, 나도 잘 안다. '반격하다réagir'와 '반동적réactionnaire'은 같은 뿌리를 갖고 있다. 그러나 어쩔 수 없다, 계속 전진하는 행위가 우리를 가뒀다면, 후퇴를 배움으로써 우리는 격리에서 풀려난다. 우리는 움직임의 능력들, 그렇다, 행위역량들을 다시 발견할 필요가 있다. 줄곧 게와 바퀴벌레의 자격으로 이전과 다른 움직임들을 허락하는 이 벌레-되기를 말이다. 내 그레고르의 리드미컬한 파행爬行에는 아름다움이 있고, 춤이 있다.

'초과일jour du dépassement'을 계산한다는 훌륭한 착상, 공간적 단절만큼이나 강력한 시간적 단절을 드러내 주는 그 예측만큼 이 역설을 잘 보여주는 것도 없다. 대략적인 계산이기는 하지만, 그래도 그 지표 덕분에 각 국민국가는 행성이 향유하라고 제공해 준 바를, 한물간 용어를 사용하자면, 스스로의 '생산 체계'가 일 년 중 어느 날에 다 써 버렸는지 기록하게끔 날짜를 하나씩, 점점 더 정확하게 부여받을 수 있다. 그 한계들 — 어쨌든 현재까지 알려진 한계들 — 안쪽에 남을 수 있으려면 국가들은 그 날짜를 최대한으로, 이상적으로 말하자면 12월 31일까지 연기시켜야 하리라. 당연히 우리는 그럴 처지가 못 된다. 전체로 따질 때 인류는 제 한계를 7월 29일에 초과하고, 이어 12월 31일까지 한 해의 나머지를 계속 그렇게, "제 재력을 넘어" 행성에 빚을 지며 살아가는 걸로 보인다. 당연하게도 이듬해의 대차대조표로 다섯 달 치 빚을 넘기면서!

무관심으로 한 해의 징수 날짜를 끊임없이 앞당기는 **적출자들** — 이들을 그대로 내버려 두면 우린 성촉절*이 되기도 전에 한 해의 자원을 고갈시키게 되리라 — 과 그 날짜를 최대한 뒤로 — 이상적으로 볼 때 생-실베스트르 축일**까지 — 물리려는 **수선자들** 사이에 폭력적이고 편재적인 갈등이 존재한다는 생각을 제공하는 사건은 2020년 봄에 발생했다. 봉쇄 덕에 우린 초과일에서 3주를 뒤로 물러섰음을 확인할 수 있었던 것이다. 2021년의 '경제 재개' 덕분에 다시 나쁜 방향으로 이동할 위험이 있는, 아주 일시적인 연기였다. (또 다른 지구생활자들, 당연히 바이러스뿐만 아니라 여우, 퍼치, 수달, 돌고래, 혹고래, 코요테 들이 이 연기의 혜택을 누리며 얼마간 활기차게 몸을 털 수 있었던 걸로 보인다 — 그리고 티티새들은 더욱더 낭랑하게 노래 부를 수 있었고!)

우리가 살아가는 시간과 그에 이어지는 한 해의 나머지 전 기간, 즉 우리가 까맣게 모르면서 이용하고 사는 시간이라는 두 세계의 중첩을 몇 주 옮겨 놓기 위해 겪어야 했던 가혹

* 그리스도 봉헌축일. 2월 2일이다.

** 제야, 즉 12월 31일.

한 시련을 상상하면 **적출자들**과 **수선자들** 간 역학 관계의 격렬함이 어느 정도인지를 가늠할 수 있으리라. 곧이어 다시 상실하고 말 단 며칠을 긁어모으기 위해 세계 전체의 경제 위기가 필요하다니! 한편으로, 계급투쟁의 당사자들이 공히 '생산의 발전'에 뜻을 모으던 시절의 산물인 예전 무대 장치법에서는 어느 것 하나 '초과일을 뒤로 물리기로' 결심한 이들이 수행해야 할 광대한 임무에 대한 생각을 제공하지 않는다. 초과일을 한층 앞당기기를 바라는 자들이 무수히 많고 강력할 때는 특히나 더 그렇다. 반면, 격리의 논리에서 볼 때 임무들은 발전développement이 아니라 **감싸기**enveloppement에 있다. 그 같은 성격의 전투에 투입되고 가담하는 것을 받아들여야 한다면, 그 경우 해방의 관념은 어떻게 간직할 수 있는가? 이렇다 보니, 다시 옛날식 인류가 되어 앞서 일어난 변신, 즉 '대발견' 시대로의 탈바꿈 첫 단계에 머무르며 무한한 코스모스로의 탈출을 찬양하고 싶다는 유혹이 드는 것도 이해는 간다.

그렇지만, 이 점이 놀라운데, 우리 모두는 지금의 현황에 이미 이르러 있고, 알지 못하는 사이에 벌써 전부 변이를 거쳤다. 그 안쪽에서 현재의 역사가 전개되는 바로 그 덮개를 하나의 구체 안에, 한 개의 거품 속에, 또 현재로서는 그 말 많은 전체 온도의 2도 상승으로 한정되는 경계들 사이에 유지하겠다는 도전이 '국제 질서'라 불리는 정치 지평을 고스란히, 명시적으로, 또 공공연하게 규정하는 이상 그렇게 볼 수 있다. 신기후체제는 분명 새로운 정치 **체제**다. 국가정치를 고려할 때는 이런 얘기가 나오지 않으리라. 그러나 행성의 정치는 이미 다른 세계로, 격리된 자들이 이미 예감했으며 격리에서 풀려난 자들이 질겁하며 발견하는 그 세계 쪽으로 옮겨 갔다. 그들이 두고 떠나지 않을 일종의 막, 텐트, 하늘, 그렇다, 대기층 말이다, 그리고 조절된 기후에 의해 구부러지고, 한정되고, 유지되는 그 세계를 향해서. 그들이 반드시 그 내부에 머물러야 할 세계, 이젠 결코 '활기 없는 것들'의 풍경 형태를 띠지 않을 행위역량들과 다 같이 부대끼며 살아가야 할 그 세계를 향해서.

놀라운 간극은, 국제정치는 이미 그렇게 기울었는데 정작 땅에 대한 이 같은 이해의 과학적 근거는 여전히 모호하다는 사실에 있다. 모호 그 이상이다, 거의 말로는 설명 불가라고 해야 하리라. 하지만, **지구**가 지금까지 거주적합성의 조건들 — 그리고 우리는 우리의 행위들 때문에 오늘날 이 조건들이 다시 문제시되고 있음을, 확산되는 수많은 경험들을 통해 감지한다 — 을 제공해 온 생명체 기계설비machinerie de vivants의 아슬아슬한 결과물이라는 증거가 이미 암암리에 받아들여진 게 아니라면, 대체 왜 이 떠들썩한 '2도'가 전 지구적, 국가적, 지역적, 개인적 결정을 통해 달성해야 할 목표로 여겨지겠는가? 먼저, '인류'가 — 이 얼마나 존재불가능한improbable* 행위자인가마는! — 접근해 그 톱니바퀴를 조정할, 저 공상적인 '정온기定溫器'와도 같은 것이 존재한다는 점부터 자명한 사실로 받아들여야 한다. 그 정온기를 고장낼까 봐 그처럼 두려워할 수 있으려면 말이다. 말하자면 이중으로 돌아가는 피드백 회로가 존재한다. 그중 하나는 저 자신의 생존 조건들을 창조할 수 있는 생명체들의 회로이며, 다시 이것에 여러 생명체들 중 그토록 가까우면서도 상이하고 또 친구이면서 적인 자, 즉 산업화된 인류가 동일한 거주적합성의 조건들 자체에 가하는 행위가 그 두 번째 반복 회로로서 삽입되어 있다. 요컨대 이중의 격리, 이중의 감싸기, 이중의 얽힘이라 하겠다.

지구 또는 가이아는 이미 정치적 지평을 조직하고 있지만 학문적으로는 그 존재가 알려지지 않았거나 무시당하거나 부인되었고, 따라서 그것의 형이상학적 귀결 또한 여전히 비가시적이다. 갈릴레오적인 의미에서 회전하는 땅과 제임스 러브록** 및 린 마굴리스적인 의미에서 저 스스로를 바탕으로 도

* 라투르가 사용한 이 용어는 러브록의 다음의 맥락에서 명확히 이해될 수 있다. 루트비히 볼츠만Ludwig Boltzmann(1844~1906)의 정의에 의하면, 엔트로피(시스템이 갖는 열에너지 소산률의 척도. 열역학 제2법칙이 규정하듯, 시스템은 늘 엔트로피, 즉 무질서도가 증가하는 방향으로 변하려 한다)는 분자 분포의 확률을 나타내는 척도다. '존재불가능한' 분자 분포란 '평형 상태에 있는 배경 분자들로부터 그것이 만들어질 때 에너지 투입이 필요한 분포'를 이른다. 만약 자연적으로 존재불가능한 분자집합체를 발견한다면 그것은 곧 (자연의 우연적인 산물이 아니라) 생명체 또는 생명체의 산물을 발견했다는 말이 될 것이다. 이 논리를 확장하면, 전 지구적 규모로 '정상 상태steady state'와 '이론적 평형 상태equilibrium state' 모두와 확연히 구분되는 분자 분포상의 '존재불가능성'을 찾아내는 것이 가이아의 존재를 발견하는 일과 동일해진다.(이상 러브록, 『가이아: 살아있는 생명체로서의 지구*Gaia: A New Look at Life on Earth*』, 홍욱희 옮김, 갈라파고스, 1979/2000, 2004, p. 91~93의 내용을 요약함.)

** 러브록에 의하면 가이아는 지구의 생물권, 대기권, 대양, 그리고 토양까지를 아우르는 복합적인 실체로("생물권은 모든 생물들이 살고 있는 3차원의 지리적 공간이다. 가이아는 대기, 해양, 지표면의 암석 등과 밀접하게 결합된 모든 생물체들로 구성되는 초생명체이다", 『가이아: 살아있는 생명체로서의 지구』, p. 17~18) 지표 위 생물들을 위해 스스로 견고하고 적합한 물리화

는 땅 사이에 평행 관계를 세우는 작업은, 나는 프레데리크 아이트투아티와 함께 다양한 방법으로 그 작업을 시도하고 있는데, 매번 작은 소동을 만들어 내곤 한다. 지금만큼은 제도화된 정책 — 그 유명한 기후 협약들 — 이 과학적인 사고방식보다 앞서 나가고 있는 것이다. 다만, 다들 여전히 유기체들이 제 환경에 스스로를 '적응시키는' 것이 요행수인 것처럼, 즉 실상과 달리 유기체들이 제 환경을 스스로에게 유리하게 만들어져 자신에게 제공한 게 아니라고 여기는 듯하다. 마치 유기체들에게 여러 생명체들 중 하나인 (그러나 너무 지나치게 서두르는) 인류의 행위 여하에 맞춰 환경을 유리하거나 불리하게 만드는 나름의 능력이 없기라도 하듯이 말이다. 그러니 상식이 찢어져 나뉜다는 게 놀랍지 않다. 한편에서는 우리보고 **지구**와 함께 사는 것처럼 행동하라고 요구하고, 다른 한편에는 우리를 그것 바깥으로 이동하게 만들려는 전력투구가 벌어지고 있으니 이야말로 모순된 명령이 아닌가! 체제의 위기다. 그 말로 가리키는 바가 행성적 체제라면 과연 그렇다.

지구는 근대에 땅의 분배를 조직화했던 국민국가들의 통치성 양식을 횡단하고 교란하고 중단하고 반박하는 권위를 행사한다. 오, 여기서 관건은 위에서부터 내려와 반박 불가한 단

학적 환경을 조성할 수 있도록 피드백 장치나 사이버네틱 시스템을 구현한다. 여기서 생명체는 "개방적 또는 연속성의 시스템으로서 외부 환경으로부터 취한 자유에너지와 물질을 사용하고, 더불어 이의 분해산물을 체외로 배출시킴으로써 자신의 내부 엔트로피를 감소시킬 수 있는 기능을 갖는 구성원"(같은 책, p. 40~41)으로 설명된다.

하나의 권력 속에 국가들의 권력들을 글로벌화하려는 통치성, 즉 일종의 사이비 '글로벌 정부'가 아니다. 천만에. **지구**는 이른바 글로벌한 것이 아니기 때문에 그렇다. **지구**의 이동 양식, 그 확장과 전염의 양식은 최초의 박테리아들이 선조 행성을 몇 센티미터의 막 하나로 덮는데 성공한 이후로 거의 바뀌지 않았다. 이 막은 두꺼워지고 커지고 분산되었지만, 그러나 항상 점차로 그 과정을 밟았으며, 45억 년의 세월이 흘렀음에도 결코 몇 킬로미터에 한하는 임계영역의 경계를 넘어선 적이 없다. 이 같은 전염, 이동의 이 바이러스적인 형태를 제국들이 상상한 권력의 현혹적인 표지 아래 두는 일은 불가능하다. 그것엔 궁궐도, 피라미드도, 밀랍 판板 서적도, 감옥도, 주랑도, 궁륭이나 구체도 존재하지 않는다. 예배도 없다. 신격화도 없다.

그럼에도, 집단적 차원에서 자율적 토착민이라 자처할 수 있는 자들에게 귀속되는 이 권력 형태의 다형적이며 다-단계적 행사는 명백히 존재한다. 엄밀히 보아 무기영양생물이란 표현이 적절해 보이는 건 오로지 가이아, 즉 우리가 넘어설 수도 그 바깥으로 나갈 수도 없는 그것과 관련될 때뿐이다. 고로 가이아가 **지상적**souverain이라는 것도 바로 그런 의미에서이며, 더구나 그건 밑에서부터 오는 지고함에 의해, 점차적 연쇄에 의해 형성되는 지상성이다. **지구**를 재현하는 데는 늘 인간의 제국들로부터 차용된 구체globe의 형태들이 끼어들기 마련이다. 그런데, **지구**에는 총괄적으로 병합하는englobant 형태라곤 존재하지 않는다. 우리는 **지구**에 격리되어 있으되, 여긴 감옥이 아니라 그저 그 안에 우리가 **감싸여**roulés 있는 곳일 뿐이다. 해방된다는 건 **지구**로부터 나가는 걸 뜻하는 게 아니라 그 안에 내포된 것들, 곧 그 주름들과 중첩들과 제반 얽힘을 탐사하는 행위를 의미한다.

가이아의 이 같은 신장extension이 일찍이 국가들이 독식했던 통치성의 형태들을 잘라 재단하도록 만든다는 데는 의심의 나위가 없다. 그것은 마치 그 형태들의 껍질을 하나하나 벗겨 보다 훌륭하게 재배치하려는 것 같다. 정치적 존재들의 윤곽을 그리는 일이 이전의 우주론, 다시 말해 16~17세기 경, 보댕*이나 홉즈**의 시대에 통용된 우주론에 의존하는 이상, 그 사실은 전혀 놀랍지 않다. 국민국가가 상호 길항하거나 깨지기 쉬운 동맹으로 제휴한 나라들을 포장鋪裝하고 위에서부터 바라본 천체라는 옛 의미에서의 행성에 바둑판 모양의 선을 그음으로써 결정적으로 고정하려 했던 것은 그저 킬로미터적인 의미에서의 축적이다. 그리고 격리는 우리 모두에게 이 위에서부터 내려오는 위치 측정에 이의를 제기하도록 해 주었다.

한편 지구생활자들은 그와 다른 축적, 서로 접속된 생명 형태들 간의 축적을 사용한다. 이 축적은 지구생활자들로 하여금 계속해서 횡단할 것을, 따라서 매 주제마다 작은 것과 큰 것, 한정된 것과 뒤얽힌 것, 빠른 것과 느린 것 간의 관계를 재검토할 것을 요구한다. **지구**와 관련된 그 어떤 것도 국가들의 국경 안에 고정돼 있지 않은 이상, 또 국제적인 것은 그저 이 쟁점의 지극히 작은 부분만을 포함할 뿐인 이상, 체제의 변경은 보호, 사법, 치안, 상업 등에 귀속되는 바를 강제로 국가라는 울타리 안에 넣어 되짚지 않으면서 판별할 것을 요구한다.

적출자들과 **수선자들** 사이에 일어나는 길항은 모두 그 같은 권력들의 재배치 문제에 걸린다. 식별 문제로 고충을 안기는 영토들은 언제나 각 국경의 **양편**에 걸쳐져 있다. 그리고 해방의 새로운 방식은 경계 개념의 경계를 넘기, 바로 그 일에 있다.

흥미롭게도 법***은, 각각의 송사cas에서 송사로 이동하는 그것의 양식 때문에, 이 점진적이며 취약한 보편화의 형태들에 가장 흡사해 보인다. 뭐라고, 그러니까 어떤 **지구**법un droit de Terre 내지 가이아법un droit de Gaia이라는 게 고유명사라고? 그렇다. 늘 존재해 왔으며 역사학자들과 인류학자들이 도처에서 그 흔적을 재발견하는, 그러나 '자연법droit naturel'과 — 한데 이 '자연'은 결코 지구생활자들에게 모델을 제공한 적이 없다 — 제국들의 법 모두를 닮지 않았기 때문에 무시되었던 그것은 고유명사다. 그것은 취약한 법이지만 그러나 실로 지고한 법, 경계들의 개념에 경계들을 부과하는 법, 나머지 다른 모든 법들의 노모스다. **지구**가 법의 어머니라는 말인가? **지구**는 아직까지는 알아볼 수 없는, 앞으로 창설해야 할, 그러나 지구생활자들을 넘어서는 동시에 계속해서 그들이 존재하

* Jean Bodin(1530~1596). 프랑스의 법학자, 정치사상가. 특히 통치성에 관한 이론으로 절대왕정의 사상적 기초를 제공했다.

** Thomas Hobbes(1588~1679). 영국의 정치철학자. 『리바이어던*Leviathan*』(1651)의 저자. 사회계약론을 중심으로 근대 정치철학의 틀을 마련했다.

*** 이하에서 '법'은 163~164쪽, 169~170쪽과 마찬가지로 모두 'droit(=right)'에 해당한다. 즉, '권리'를 포괄하며 각 '케이스'별로 접근, 취급하는 개념으로서 법.

도록 해 주는 바의 '바깥' 아닌, 그 내부에 이들, 지구생활자들이 거하는 순간부터 이미 사방에 현전하는 **상크티시마 텔루스** Sanctissima Tellus*다.

하지만 결국 이 같은 격리를 기리려 들면서, 우리를 가이아의 통치성 아래 두겠다고 주장함으로써, 당신은 우리의 역사에 종지부를 찍으려 하는 것 아닌가. 솔직히 그렇다고, 우리의 숨통을 끊어놓으려는 거라고, 심지어 더 심하게 말하면 우리를 거세하려는 거라고 털어놓으라. 혁신이 어디 있나? 창조가 어디 있어? 우리는 어떻게 해야 호사와 안락과 번영을 다시 찾을 수 있나? 어떻게 해야 자유라는 이 소중한 말을 계속 찬양할 수 있는가?

이러한 질문에 **수선자들**은 다음처럼 대답하고 싶은 유혹을 느낀다. "대체 누가 지구생활자들은 남들처럼 번영하려 하지 않는다고 그러던가? 대체 누가 우리는 자유롭기를 원하지 않는다고, 그러니까 당신들이 전에 우릴 격리하려 작정했던 그 장소에서 자유롭게 나오기를 원하지 않는다고 하는가? 우리, 산업화된 인류가 가이아와 무언가를 공유하고 있다고 한다면, 그건 자연이 아니라 가공이다. 다시 말해 발명하는 능력, 우리가 우리 스스로에게 만들어 부여한 법칙들lois 이외의 법칙들에는 복종하지 않는 능력이다. 기이하게도, 우리가 가이아의 발명 역량, 비조직적이며 보잘것없는, 그렇다, 그 보잘것없는 힘을 가장 잘 포착하는 것은 다름 아닌 기술technique을 통해서다. **지구**는 녹색이 아니다. **지구**는 원시적이지도, 고스란하지도 않다. 그것은 '자연적'이지 않다. 사방에 걸쳐 가공적일 따름이다. **지구**와의 공명은 전원에서뿐만 아니라 도시에서도, 정글에서와 마찬가지로 실험실에서도 느낄 수 있다. 처음 출발할 때의 조건들 중 **지구**의 신장을 필연적이거나 불가피하게 했던 건 없다. 현재의 조건들 중 어떤 것도 **지구**의 계속을 필연적이거나 불가피하게 만들지 않는다. **지구**의 강도는 각각의 혁신 속에서, 저마다의 조직과 각 기계과 매 장치의 세부 속에서 가장 잘 드러난다. 생명의 형태들은 수십억 년의 시간이 흐르는 동안 출발 시의 조건들 중 불과 몇 개만을 스스로에게 유리하도록 돌려tourner 놓았다. 인류의 산업은 원자들의 결합을 점점 더 많이 동원하고 멘델레예프 주기율표** 속을 점점 더 멀리 내려가는 가운데 이 도정을 계속 이어 나간다. 그런데 그 점으로 인해 산업이 적이 되는 건 아니다. 오히려 그 반대다. 세계는 혁신과 가공, 바로 그런 것들로 이루어지기 때문이다. 불공정과 범죄는 경계들을 무시해도 된다고 믿게 만드는 무심함에서 초래되지, 그 경계들을 전환시키는 법을 배우는 데서 비롯되지 않는다. 게다가 박테리아, 지의류, 식물과 나무, 숲, 개미 떼, 비비, 늑대, 하다못해 뱅시안 데프레의 문어 친구***까지도 똑같이 잘 해냈던 일이 바로 그 같은 전환이다."

* 가장 신성한 땅.

** 원소를 구분하기 쉽게 성질에 따라 배열한 표. 1869년, 러시아의 드미트리 멘델레예프Дмитрий Иванович Менделеев(1834~1907)가 화학 원소들을 가벼운 것부터 무게 순으로 나열하면서 최초의 원소주기율표를 고안했다.

*** 생태과학철학자 데프레는 최근 거미와 문어, 웜뱃 등의 행동이 인간에게 어떤 메시지를 보내는지 면밀히 관찰하는 가운데 **지구** 위 인간 조건을 탈중

그렇다면 발명의 능력을 마비시키고 그것을 토양 바깥으로 나가는 단 하나의 방향으로만 이끈 병은 대체 어디에 존재하는가? 그것은 경계들을 전환하는 대신 그것들을 넘어 이 세계의 바깥으로 투신하려 하고 그 단 하나의 목표를 향해 발명을 인도하려 하는, 또는 그보다 더 고약하게도 지상 낙원을 건립하겠다고 우기는 저 기이한 도착倒錯 안에 있다. 이 두 경향 중 하나는 세계 탈출의 사이비 종교적 형태를, 다른 하나는 그 탈출을 지상에다 도입하기를 원하는 사이비 재속적séculier 형태를 띤다. 이반 일리치의 "가장 좋은 것의 부패가 가장 나쁜 것을 낳는다"*라는 무시무시한 경고가 가리키는 바도 바로 그것이다. 가이아는 그런 식으로 확장되거나, 연장되거나, 복잡해지거나, 제도화되지 않았다. 가이아는 어떤 목표도 추구하지 않았기 때문에 마침내 저 스스로를 부분적으로 자기조절하기에 이를 수 있었다. 가이아는 나팔 형태로 벌어지고, 분산하고, 흩어진다. 당신은 자신이 우리보고 전진하라고 강요하면서, 스스로 포스트휴먼이 되기를 꿈꾸면서, 우리가 '신들처럼' 살게 되리라 상상함으로써, 결국 우리에게서 새 방향으로

심화하려는 일련의 작업을 벌이고 있다. 이 연구의 과학적이며 시적인 결과물은 2021년 4월, 악트쉬드Actes Sud 출판사를 통해 『어느 문어의 자서전: 그리고 다른 공상적 이야기들*Autobiographie d'un poulpe et autres récits d'anticipation*』이라는 저서로 출간되었다.

* 이는 이반 일리치Ivan Illich(1926~2002, 오스트리아 신학자, 철학자)가 죽기 전 캐나다 기자 데이비드 케일리David Cayley와 함께 나눈 대화들을 묶어 펴낸 저서의 제목이기도 하다. 프랑스어 판*La corruption du meilleur engendre le pire*은 악트쉬드사를 통해 2007년에 출간되었다.

향하는 유일한 능력, 즉 모색하기, 시도하기, 스스로가 저지른 실패로 되돌아오기, 탐사하기와 같은 힘을 박탈한다는 사실을 보지 못하는가? 아마도 옛 세계에서라면 그것은, 그러니까 앞으로 전진하고 최종점point omega을 향해 길을 나아간다는 것은 하나의 의미를 가졌으리라. 그러나 우리가 새로운 세계 속으로 이동했다면, 하여 남은 것들을 우리 스스로 수선해야 한다는 존재 조건들 안으로 되돌아온 거라면, 이 때 가장 중요한 움직임은 바로 사방으로 흩어질 수 있음pouvoir nous égailler이다. 우리에게 그럴 시간이 있기만 하다면 말이다.

자, 이렇듯 당신들은 착륙했다. 당신들은 불시착했고, 제로 지점에서 가까스로 몸을 빼냈다. 그리고 마스크를 쓴 채 앞을 향하고 있다. 당신들 목소리는 거의 들리지 않는다. 그레고르의 것처럼, 또 내 것처럼, 그건 그저 알아들을 수 없는 꾸르륵거림 같다. "나는 어디에 있는가?" 무엇을 해야 하는가? 데카르트가 숲에서 길을 잃은 이들에게 충고했듯, 곧장 나아가나? 천만에, 당신들은 최대한 흩어져야만 한다. 부채꼴로. 그렇게 해서 생존의 전 역량을 탐사하기 위해. 당신들이 착륙한 장소들을 거주할 만한 곳으로 만든 행위역량들에 최대한 협력하기 위해. 다시금 무거워진 하늘의 궁륭 아래로, 다른 물질들과 뒤섞인 다른 인류들이 다른 생명체들과 더불어 다른 민족들을 형성한다. 그들이 마침내 해방된다. 그들은 격리에서 풀려난다. 그들은 변신한다.

14.
조금 더 알고 싶다면

이 책은 격리라는 고통스러운 시련을 전환해 신기후체제가 부과한 우주론의 변화에 적응케 하는 최적의 방편인 철학적 콩트 스타일로 써졌으되, 여러 친구들과 함께 벌인 다양한 형태의 공동 작업에 기반하고 있다. 내게 영감을 준 주요 연구들을 섹션별로 요약하는 이 마지막 장을 통해, 나는 이 책 전체를 하나의 홀로바이온트적 구성으로 만드는 수많은 중첩을 밝히고자 한다.

많은 저자들, 그중에서도 특히 알렉상드라 아렌, 안소피 브레트빌레르Anne-Sophie Breitwiller, 피에르 샤르보니에, 비비안 드푸Vivian Depoues, 장미셸 프로동Jean-Michel Frodon, 에밀리 아슈, 두잔 카지크, 프레데릭 루조, 바티스트 모리조, 니콜라이 슐츠, 이사벨 스탕게르스는 흔쾌히 내 책을 다시 읽어 주기로 했다. 프레데리크 아이트투아티, 베로니카 칼보Veronica Calvo, 멜리스 뒤퐁Maylis Dupont, 에두아르도 비베이루스 지 카스트루, 니콜라이 슐츠는 원고를 구석구석, 심지어 어느 부분에서는 여러 번 거듭해 검토해 주었다. 필리프 피냐르Philippe Pignarre는 25년 남짓한 세월을 한결같이 한 권의 책이란 모름지기 중력의 법칙들에 도전할 수 있어야 한다고 믿었다. 그들 모두에게 감사를 표한다.

1

1장 「흰개미-되기」에서 나는 카프카 「변신」의 프랑스어 번역본(*La Métamorphose*, trad. Bernard Lortholary, Garnier-Flammarion, Paris, 1988)을 사용했다. "탈주선"의 개념은 물론 질 들뢰즈와 펠릭스 과타리의 『카프카: 소수적인 문학을 위하여*Kafka: Pour une littérature mineure*』(Éditions de Minuit, Paris, 1975)에서 차용한 것이다. 「변신」에서 등장인물들의 목소리 중첩에 관련해서는 미카엘 레비나스Michaël Levinas의 오페라를 들어보는 것이 바람직하며(Opéra de Lille, 2011), 이 작품의 일부 발췌는 인터넷 링크 ictus.be/listen/Michael-levinas-la-métamorphose를 통해 접할 수 있다(내가 이것을 들을 수 있었던 건 샹탈 라투르 덕분이다).

흰개미 떼에 대해서는 내가 가진 에드워드 O. 윌슨Edward O. Wilson의 오래된 판본 『곤충들의 사회*The Insect Societies*』(Belknap Press of Harvard University Press, Cambridge, Mass., 1971)를 이용하는 걸로 만족할 수밖에 없었다. 반면 개미들의 경우는 데보라 M. 고든Deborah M. Gordon의 『개미와의 만남: 네트워크 상호행위와 집단행동*Ant Encounters: Interaction Networks and Colony Behavior*』(Princeton University Press, Princeton, 2010)에 의존했다. 자신이 갈 길의 방향을 잡는 어려움을 언급한 마지막 암시는 내 이전 책 『지구와 충돌하지 않고 착륙하는 방법: 신기후체제의 정치*Où attérir? Comment s'orienter en politique*』(La Découverte, Paris, 2017)를 참조하면 된다. 그 책은 격리라는 시

련이 닥치기에 앞서 여전히 '위에서부터' 상황을 바라보았었다. 따라서 어떤 의미에서 지금 이 책은 불시착 이후를 다룬 보고서라 할 수 있다.

2

2장 「어쨌거나 상당히 넓은 장소에 격리되다」에서는 내가 생테냥앙베르코르에서 열린 '배우는 바캉스' 프로그램에 즉흥적으로 참가했다 그곳을 방문한 파리 지구물리학연구소의 지구과학자 제롬 가야르데를 접하면서 떠오른 생각을 실험해 본다. 제롬은 6년 전부터 '임계영역' 탐사에서 내 멘토를 맡고 있다. 우리 두 사람은 땅의 오랜 역사와 예전에 '인간학'이라 일컬어졌던 학문들 사이에 관계를 지으려 애쓰는 중이다.

이 장에서 난 동료 티모시 렌튼에게서, 특히 그가 앤드류 왓슨Andrew Watson과 함께 쓴 책 『지구를 만든 혁명들 *Revolutions that Made the Earth*』(Oxford University Press, Oxford, 2011)로부터 영감을 길어온다. 실험의 용이성을 위해 난 페터 슬로터다이크Peter Sloterdijk의 노력에 도움을 청하고, 그럼으로써 생명 그 자체에 맞도록 조절된 공기 아래 구역에서 벗어난다는 것이 불가능하다는 사실을 실감하게 하고자 한다. 슬로터다이크는 그의 삼부작, 그중에서 특히 2권인 『영역권 II*Sphères II*』(trad. Olivier Mannoni, Libella Maren Sell, Paris, 2010)에서 이 문제와 관련된 형이상학적 표현을 제공했다.

그로부터 나갈 수 없는 하나의 동일한 '내부' 속에 '인공적인' 도시와 산악 풍경과 대기권을 연속선으로 연결하는 것은 가이아 가설을 진지하게 받아들인다는 조건하에서만 가능한데, 나는 대략 15년 전부터 이 가설에 대해 연구하고 있다. 이 장에서 나는 나와 페터 바이벨Peter Weibel이 공동으로 이끈 『임계영역: 지구 착륙의 과학과 정치*Critical Zone: The Science and Politics of Landing on Earth*』(MIT Press, Cambridge, Mass., 2020) 중에서 티모시 렌튼과 세바스티엥 뒤트뢰유의 「가이아의 역할은 정확히 무엇인가?What exactly is the role of Gaia?」(p. 168~176)를 요약한다. 한편, 도나토 리치Donato Ricci가 편집한 이 호화로운 서적은 2020년 7월부터 2021년 8월까지 카를스루에의 ZKM(예술 및 매체기술 센터)에서 열린 동일 제목 전시의 보충 자료로 집필된 것이면서, 지금 이 책 전체의 원천 역할을 한다.

우주론의 이 같은 관점 이동이 지니는 영향력을 포착하기 위해서는 이 새로운 과학들로부터 영감을 받는 동시에 내가 40년 전부터 추적해 온, 과학에 관한 새로운 역사학이나 사회학이 안기는 충격도 흡수해야만 한다. 실제로, 이 과학들은 자신들이 기술하고 변모시키는 세계의 내부, 바로 그곳에 확실하게 위치한다. 그로부터 '영상화된 지식'의 중요성이 유래하며, 이는 다시 과학들의 역사라는 주요 주제를 참조케 한다. 이 문제를 나는 내 논문 「정신의 "관점들": 과학과 기술의 인류학을 향한 입문Les "vues" de l'esprit: Une introduction à l'anthropologie des sciences et des techniques」(*Culture technique*,

14, 1985, p. 4~30)에 요약한 바 있다(내가 쓴 모든 논문들이 그렇듯 내 사이트 bruno-latour.fr에서 찾아볼 수 있다).

이 주제는 카틀린 쿠프먼스Catelijne Coopmans 등이 공동 집필한 『과학 실천에서 재현 재고*Representation in Scientific Practice Revisited*』(MIT Press, Cambridge, Mass., 2014)에 상술되었고, 또한 로레인 대스턴Lorraine Daston과 피터 갈리슨Peter Galison의 공저 『객관성*Objectivité*』(trad. Sophie Renaut & Hélène Quiniou, Les Presses du réel, Dijon, 2012)과 프레데리크 아이트투아티의 『달에 관한 콩트들: 근대의 허구와 과학에 관한 소고*Contes de la lune: Essai sur la fiction et la science modernes*』(Gallimard, coll. NRG essais, Paris, 2011)에서도 매우 훌륭하게 전개되어 있다. '지구생활자'라는 개념의 경우는 내 책 『가이아 앞에서: 신기후체제에 관한 여덟 차례의 강연*Face à Gaïa: Huit conférences sur le Nouveau Régime Climatique*』(La Découverte, Paris, 2015)에서 도입했었다. 이 개념은 젠더나 종이 아니라 단지 존재들을 구성하는 어떤 것의 로컬적 상황과 얽힘만을 명시한다는 이점을 지닌다.

내 콩트의 필요성에 맞춰 **지구**와 **우주**의 구분을 의도적으로 단순화했다는 사실은 굳이 강조할 필요가 없을 것이다.

3

3장 「'지구'는 고유명사다」는 이 책 전체에 걸쳐 핵심적 역할을 하는 두 개의 위치 측정 원칙 간 대비를 이용한다. 철학적인 의미에서 '단순 위치 측정'이 지니는 위험에 대해서는 디디에 드베즈Didier Debaise의 『가능한 것들의 미끼: 화이트헤드 되찾기*L'Appât des possibles: Reprise de Whitehead*』(Les Presses du réel, Dijon, 2015)를 참조할 것. 그러나 나는 그것에 보다 지도적인 의미 또한 부여하며, 이에 관해서는 나와 발레리 노방베르Valéry November, 에두아르도 카마초Eduardo Camacho의 「영토는 지도다: 디지털 내비게이션 시대의 공간The territory is the map: Space in the age of digital navigation」(*Environment and Planning D: Society and Space*, 28, 2010, p. 581~599)을 참조할 것. 이렇게 하는 데는 프레데리크 아이트투아티, 알렉상드라 아렌, 그리고 악셀 그레구아르의 멋진 실험 『테라 포르마: 포텐셜 지도학 교본*Terra Forma: Manuel de cartographies potentielles*』(B42, Paris, 2019)이 지침이 되었다.

어쨌거나 지상에서는 우리가 한번도 '활기 없는 것들'을 경험한 적이 없다는 착상에 익숙해지려면 린 마굴리스와 도리언 세이건Dorian Sagan의 『박테리아의 세계*L'Univers bactériel*』(Albin Michel, Paris, 1989)를 읽는 것이 유용하다. 달-위supra-lunaire나 달-아래sub-lunaire와 같은 소위 '전-코페르니쿠스 시대' 우주론의 전통적 용어에 속하는 개념들의 흥미로운 귀환에 관해 알고 싶다면 알렉상드르 쿠아레Alexandre Koyré의 고전 『닫힌 세계에서 무한한 우주로*Le monde clos à l'univers infini*』(Gallimard, Paris, 1962)를 가령 티모시 렌튼의 『지구시스템 과학*Earth System Science*』(Oxford University Press, Oxford, 2016)과 비교해 읽어 보면 된다. 이 장에서 나는 달을 배제함으로써 그 변경邊境을 옮겼으며, 그것이 이 용어의 전용에 해당한다.

바티스트 모리조는 자신의 전 작업에 걸쳐 다원주의를 명확히 밝히고 동물들에게 그들의 행위역량을 돌려주려 애쓴다. 특히 그의 책 『생명체의 잉걸불 되살리기*Raviver les braises du vivant*』(Actes Sud, Arles, 2020), 그리고 그가 프레데리크 아이트투아티와 에마누엘레 코치아의 공동 기획 『가이아의 외침: 브뤼노 라투르와 함께 생각하기*Le Cri de Gaïa: Penser avec Bruno Latour*』에 기고한 「생명체가 정치인에게 행하는 것: 환경적 변신의 맥락에서 본 생명체들의 특정성Ce que le vivant fait au politique: La spécificité des vivants en contexte de métamorphoses environementales」(La Découvert, coll. Les Empêcheurs de penser en rond, Paris, 2021, p. 77~118)의 비판을 참조할 것. '생명'과 '**생명**'의 차이는 세바스티엥 뒤트뢰유의 「땅의 본성은 무엇인가Quelle est la nature de la terre」(같은 책, p. 17~66)의 연구 대상이다.

가이아와 친숙해지려면 제임스 러브록의 원저서들, 특히 그중 첫 권인 『가이아: 살아있는 생명체로서의 지구*La Terre est un être vivant: L'hypothèse Gaïa*』(Flammarion, coll. Champs, Paris, 1999)를 읽어야만 한다. 하지만 나는 세바스티엥 뒤트뢰유의 2016년 파리1대학 박사학위 논문인 「가이아: 가설인가, 지구시스템을 위한 연구 프로그램인가, 혹은 자연철학인가?Gaïa: Hypothèse, programme de recherche pour le système terre, ou philosophie de la nature?」에서 대단히 많은 것을 얻었다. 이 개념을 명확히 하기 위해서는 최근의 논문 두 편에 의존했는

데, 나와 티모시 렌튼이 함께 쓴 「자유의 영역을 확장하기, 또는 어째서 가이아는 그토록 이해하기 어려운가Extending the domain of freedom, or why Gaia is so hard to understand」(*Critical Inquiry*, printemps 2019, p. 1~22), 그리고 특히 티모시 렌튼과 세바스티엥 뒤트뢰유, 그리고 내가 공동 집필한 「지구 위 생명은 그 지점을 포착하기 어렵다Life on Earth is hard to spot」(*The Anthropocene Review*, 7, 3, 2020, p. 248~272)가 그것들이다.

가이아 개념의 신화적 풍요함에 대해서는 앞서 언급한 내 책 『가이아 앞에서』를, 특히 프레데리크 아이투아티와 에마누엘레 코치아의 앞의 책 『가이아의 외침』 중 데보라 뷔키Deborah Bucchi의 논문 「가이아 대 가이아Gaia face à Gaïa」(*Le Cri de Gaïa*, p. 165~184)를 참조할 것.

4

4장 「'지구'는 여성명사, '우주'는 남성명사다」는 '임계영역'이라는 개념에서 시작한다. 이를 위해 나는 페터 바이벨과 내가 함께 주도한 앞의 책 『임계영역』에서 제롬 가야르데의 기고문 「임계영역, 완충지대, 인간 서식지The critical zone, a buffer zone, the human habitat」(*Critical Zones*, p. 122~130)에 의존한다. 만약 이 개념에 대해 좀 더 철저한 설명을 얻고 싶다면 이 저서의 3부 전체를 참조할 것.

임계영역에 대한 이해에서는 알렉상드라 아렌이 고안한

제작물들에 큰 빚을 졌다. 그것들은 그가 제롬 가야르데, 그리고 나와 함께 작성한 「표면에 깊이를 주기: 임계영역의 가이아그래피 실험Giving depth to the surface: An exercise in the Gaia-graphy of critical zones」(*The Anthropocene Review*, 5, 2, 2018, p. 120~135) 및 현재 진행 중인 그 자신의 맨체스터대학교 박사학위 논문에 요약되어 있다.

수전 브랜틀리Susan Brantley는 공저자들과 함께 작성한 논문 「임계영역을 이해하기 위한 학문 간 융합 및 공간규모들Crossing disciplines and scales to understand the critical zone」(*Elements*, 3, 2007, p. 307~314), 그리고 나와 페터 바이벨의 앞의 책 『임계영역』에 실은 기고문을 통해(*op. cit.*, p. 140~141) 임계영역들의 불균질성을 잘 입증했다. 임계영역들의 경계들은 어떤 시간성temporalité이 선택되었는지 여하에 크게 의존한다.

이 사실은 나로 하여금 이자벨 스탕게르스가 『화이트헤드와 함께 사유하기: 자유롭고 야생적인 개념 창조*Penser avec Whitehead: Une libre et sauvage création de concepts*』(Seuil, Paris, 2002)에서 논평한 저 유명한 "자연의 두 갈래 분기bifurcation de la nature" 개념을 어느 정도 자리매김하고 극화하도록 해 준다. 행위역량들 사이의 단절과 중첩이라는 개념에 대해서는 나의 『존재 양식들에 관한 조사: 근대인들의 인류학*Enquête sur les modes d'existence: Une anthropologie des Modernes*』(La Découverte, Paris, 2012)을 참조할 것.

가이아의 경계에 대해서는 앞서 말한 「지구 위 생명은 그 지점을 포착하기 어렵다」 그리고, 티모시 렌튼과 앤드류 왓슨의 앞의 책『지구를 만든 혁명들』을 참조할 것. 물리적인 것의 위치 측정은 섀런 트라위크Sharon Traweek의『광선의 시간과 생명의 시간: 고에너지 물리학자들의 세계*Beam Times and Life Times: The World of High Energy Physicists*』(Harvard University Press, Cambridge, Mass., 1988) 이래로 과학사 분야에서 많은 작업들의 연구 대상이었다. 그중에서 다만 한두 예를 들자면, 피터 갈리슨의『실험은 이렇게 종결된다: 20세기 물리학에서 실험의 자리*Ainsi s'achèvent les experiences: La place des expériences dans la physique du XXe siècle*』(trad. Bertrand Nicquevert, La Découverte, Paris, 2002), 그리고 해리 콜린스Harry Collins의 중력파에 대한 조사『중력의 그림자: 중력파 탐사*Gravity's Shadow: The Search for Gravitational Waves*』(The University of Chicago Press, Chicago, 2004)를 꼽을 수 있다.

생성의 망각과 젠더 문제의 은폐 사이에 존재하는 연관성은 에밀리 아슈가 그의 두 책임 기획『닫힌 세계에서 무한한 세계로*De l'univers clos au monde infini*』(Édition Dehors, Paris, 2014),『복구: 에코페미니즘 텍스트 모음집*Reclaim: Recueil de textes écoféministes*』(Éditions Cambourakis, Paris, 2016)에서 연구한 바 있다. 보다 최근 연구에 관련해서는 아슈의「땅으로부터 태어나다. 지구생활자들을 위한 새로운 신화Né-e-s de la terre. Un nouveau mythe pour les terrestres」(*Terrestres*, 30 septembre 2020, terrestres.org)나 아델 클라크, 도나 해러웨이의『인구 말고 친족 만들기: 세대 개념의 재구상*Making Kin not Popu-lation: Reconceiving Generations*』(Paradigm Press, Chicago, 2018) 그리고

비비엔 가르시아에 의해 얼마 전 번역된 도나 해러웨이의 저서 『곤란과 함께 살기*Vivre avec le trouble*』(Éditions des mondes à faire, Vaulx-en-Velin, 2020)를 참조할 것.

5

5장 「폭포 형태로 이어지는 생성의 곤란」은 몸들의 구성이라는 동일한 문제를 겉으로 보기에 아주 상이한 영역들 속에서 뒤쫓는다. 보다 상세한 내용을 보려면 나와 사이먼 섀퍼Simon Schaffer, 그리고 파스쿠알레 갈리아르디Pasquale Gagliardi가 함께 책임진 『정치적 통일체에 관한 책: 생물학, 정치학, 사회학 이론 연결하기*A Book of the Body Politic: Connecting Biology, Politics and Social Theory*』(Foundation Cini, Venise, 2020, bit.ly/2zoGKYz)를 참조할 것.

나는 우선 에밀리 아슈의 앞의 책 『닫힌 우주에서 무한한 세계로』에 실린 데보라 다노브스키와 에두아르도 비베이루스 지 카스트루의 글 「세계의 정지L'arrêt du monde」(*De l'univers clos au monde infini*, p. 221~239)와, 이어 내가 쓴 「생성 속의 곤란Troubles dans l'engendrement」(*Le Crieur*, 14, octobre 2019, p. 60~74)을 논의의 근거로 삼는다. 그다음 피에르 샤르보니에의 중요한 저작 『풍요와 자유: 정치적 사유들의 환경사*Abondance et liberté: Une histoire environnementale des idées politiques*』(La Découverte, Paris, 2020)로부터 경제 정책에서 불안정성porte-àfaux이라는 개념을 추출한다.

무기영양생물과 종속영양생물의 차이, 그리고 땅의 장구한 역사에 관한 내용은 린 마굴리스와 도리언 세이건의 앞의 책 『박테리아의 세계』, 에마누엘레 코치아의 『식물들의 삶: 섞임의 형이상학*La vie des plantes: Une métaphysique du mélange*』(Payot, Paris, 2016)을 통해 계속 추적할 수 있다.

개인주의의 흥미로운 역사가 이 장에서는 아인 랜드의 『아틀라스: 지구를 떠받치기를 거부한 신』(Signet, New York, 1957)의 독서를 통해 요약된다. 아예샤 라마찬드란Ayesha Ramachandran의 『세계창조자들: 근대 초 유럽의 지구에 대한 상상*The Worldmakers: Global Imagining in Early Modern Europe*』(The University of Chicago Press, Chicago, 2015) 중 빼어난 한 장인 「데카르트식 공상소설Cartesian Romance」은 이른바 데카르트적인 소설을 대상으로 다룬다.

나는 생물학과 사회학 간의 이 같은 연관성을 셜리 스트럼Shirley Strum의 「인간의 사회적 기원들: 다른 기원 이야기를 들려주세요!Human social origins: Please tell us another origin story!」(*Journal of Biological and Social Structures,* 9, 1986, p. 169~187)를 바탕으로 추적한다. 앞서 인용한 나와 사이먼 섀퍼, 파스쿠알레 갈리아르디의 공동 기획서 『정치적 통일체에 관한 책: 생물학, 정치학, 사회학 이론 연결하기』 또한 참조할 것. 생물학에서 폭포 개념에 대해 더 알고 싶다면 에릭 바테스트Éric Bapteste의 『모든 것은 얽힌다*Tous entrelacés*』(Belin, Paris, 2018)를 읽는 것이 유용하리라. 하지만 홀로바이온트들과 그것들이 내포하는 후성성l'épigénétique에 관해서는 스코트 길버트와 데이비드 에펠David Epel의 책 『생태학적 발전생물학: 성장, 건강, 진화의 환경적 규제*Ecological Developmental Biology: The Environmental Regulation of Development, Health and Evolution*』(Sinauer Associates Inc, Sunderland, Mass., 2015)를 읽을 때 가장 많은 걸 배울 수 있다. 이 논제를 단순화한 내용은 스코트 길버트, 얀 샙Jan Sapp, 알프레드 토버Alfred Tauber의 「공생적 관점에서 바라본 생명: 우리는 결코 개인이었던 적이 없다A symbiotic view of life: We have never been individuals」(*The Quarterly Review of Biology*, 87, 4, 2012, p. 325~341)에 있다. 나는 파지(phage, 특정 세균에 감염하여 증식하는 바이러스 — 옮긴이)와 바이러스 사이 생명체들의 웨이브plis에 대해서는 샤를로트 브리브의 연구 「복수생: 바이러스와 함께 살기, 그러나 어떻게?Pluribiose: Vivre avec les virus, mais comment?」(*Terrestres*, 14, juin 2020, terrestres.org/2020/06/01/pluribiose-vivre-avec-les-virus-mais-comment)에서 많은 것을 배웠다.

6

6장 「'여기 이 낮은 곳'에 — 단, 저 위는 존재하지 않는다」는 예술의 역사를 불러들인다. 이에 관해서는 가령 한스 벨팅Hans Belting의 『진정한 이미지: 이미지들을 믿을 것인가?*La Vraie Image: Croire aux images?*』(trad. Jean Torrent, Gallimard, Paris, 2007)

그리고 무엇보다도 루이 마랭의 『회화의 불투명성: 이탈리아 15세기의 재현에 관한 에세이*Opacité de la peinture: Essais sur la représentation au Quattrocento*』(Usher, Paris, 1989)를 참조할 것. 나는 페터 바이벨과 함께 이끈 전시의 도록 『성상충돌: 과학, 종교, 예술의 이미지 전쟁을 넘어*Iconoclash: Beyond the Image Wars in Science, Religion and Art*』(MIT Press, Cambridge, Mass., 2002)에 게재된 내 논문 「천사들이 진정 나쁜 전령들이 될 때Quand les anges deviennent de bien mauvais messagers」(*Terrain*, 14, 1990, p.76~91) 이래로 이 종교적 이미지의 문제를 계속 추적한다. 또한 이 도록에서 특히 조제프 코어너Joseph Koerner의 논문 「성상충돌로서의 이콘The icon as iconoclash」(p. 164~214)을 참조할 것. 종교가 '영적인 것'과 아무 관계가 없다는 관점은 나의 『환호작약, 또는 종교적인 말의 고통*Jubiler ou les Tourments de la parole religieuse*』(La Découverte, coll. Les Empêcheurs de penser en rond, Paris, 2013(2002))에서도 다시 이어진다.

하늘ciel, sky과 **하늘나라**Ciel, heaven가 융합되는 기이한 역사와 관련해서 나는 『정치적인 것의 신과학*La Nouvelle Science du politique*』(trad. Sylvie Courtine-Denamy, Seuil, Paris, 2000) 중 에릭 푀겔린Eric Voegelin이 "내재화immanentisation"라 명명한 바를 따라간다(이 문제는 앞서 언급한 나의 책 『가이아 앞에서』, 강연 6, p. 239~283에서도 다뤄진다). 또한 클라라 수던Clara Soudan의 박사 논문 「우리의 서식을 위한 주문들Spells of our Inhabiting」(Édimbourg, 1979)의 논지에도 기댄다. 이와 매우 유사한 개념으로 이반 일리치의 놀라운 책 『가장 좋은 것의 부패가 가장 나쁜 것을 낳는다*La corruption du meilleur engendre le pire*』(Actes Sud, Arles, 2007)를 참조할 것. 동일한 장소들에 다르게 자리 잡는 방식들에 관해서는 안나 칭의 『세계 끝에 있는 버섯: 자본주의 폐허에서 삶의 가능성에 관하여*Le Champignon de la fin du monde: Sur les possibilités de vie dans les ruines du capitalisme*』(trad. Philippe Pignarre & Fleur Courtois-L'Heureux, La Découverte, coll. Les Empécheurs de penser en rond, Paris, 2017)와 『마찰들: 글로벌의 착란과 가식*Frictions: Délires et faux-semblants de la globalité*』(trad. Philippe Pignarre & Isabelle Stengers, La Découverte, coll. Les Empécheurs de penser en rond, Paris, 2020)에 표명된 논의를 계승한다.

내가 '다른 세계'로 빠져나가려는 핑계를 갖지 않는 강생이라는 문제를 다시 내세우게 된 건 명백히 2015년에 나온 프란치스코 교황의 회칙 〈찬미 받으소서Laudato si'〉의 영향에 의한 것이다. 나는 에두아르도 비베이루스 지 카스트루의 제안 덕에 비터 웨스트헬러Vitor Westheller의 수수께끼 같은 책 『종말론과 공간: 신학의 과거와 현재에서 잃어버린 차원*Eschatology and Space: The Lost Dimension in Theology Past and Present*』(Palgrave, Londres, 2012)에 매료된 바 있으며, 이와 관련된 연구는 프레데릭 루조Frédéric Louzeau, 안소피 브레트빌레르와 함께 성베르나르도 수도회를 바탕으로 계속 추진 중이다.

7

7장 「경제가 다시 표면으로 떠오르도록 놔두기」는 다수의 연구물에 의존하고 있다. 대문자로 표기한 경제 개념은 티모시 미첼Timothy Mitchel의 중요한 저서 『탄소 민주주의: 석유 시대의 정치 권력*Carbon Democracy: Le pouvoir politique à l'ère du pétrole*』(trad. Christophe Jacquet, La Découverte, Paris, 2013)에서 따온 것이다. 내가 그것을, 특히 경제화라는 개념을 접할 수 있었던 건 혁신사회학센터의 동료들 덕분이다. 이와 더불어 미셸 칼롱이 이끈 『상업적 배치들의 사회학: 선집*Sociologie des agencements marchands: Textes choisis*』(Presses de l'École nationale des mines de Paris, Paris, 2013)과 칼롱 자신의 책 『시장의 지배: 시장을 바꾸기 위한 그 기능의 이해*L'Emprise des marches: Comprendre leur fonctionnement pour pouvoir les changer*』(La Découverte, Paris, 2017) 그리고 칼롱, 유발 밀로Yuval Millo, 파비안 무니에사Fabian Muniesa가 공동으로 책임진 『시장 기구*Market Devices*』(Blackwell Publishers, Oxford, 2007)를 참조할 것. 생산의 경계들에 관해서는 마샬 살린스Marshall Sahlins의 고전적 저서 『석기 시대, 풍요의 시대: 원시사회의 경제*Âge de pierre, âge d'abondance: Économie des sociétés primitives*』(Gallimard, Paris, 1976), 또한 데이비드 그레이버David Graeber의 『부채: 오천 년의 역사*Dette: 5000 ans d'histoire*』(Les liens qui libèrent, Paris, 2013) 그리고 나와 뱅상 르피네가 함께 쓴 『경제학, 정념적 이해타산의 학문: 가브리엘 타르드의 경제인류학 입문*L'économie, science* *des intérêts passionnés: Introduction à l'anthropologie économique*』(La Découverte, Paris, 2008)을 참조할 것.

두잔 카지크의 '해법'은 그의 박사 학위 논문「살아있는 식물들: 생산으로부터 식물들과의 관계로Plantes animées; De la production aux relations avec les plantes」(l'université Paris-Saclay préparée à AgroParisTech, 2020)와 또 다른 논문「코로나19 바이러스, 나의 양면적 동맹자Le çovid-19, mon allié ambivalent」(AOC media, 16 septembre 2020)에서 찾을 수 있다. **경제**의 마법을 풀어야 한다는 생각은 필리프 피냐르와 이자벨 스탕게르스의『자본주의 주술: 그 마법을 풀기 위한 실천들*La Sorcellerie capitaliste: Pratiques de désenvoûtement*』(La Découverte, Paris, 2005)에서 끌어왔다. "자연" 개념의 구출 작업은 칼 폴라니Karl Polanyi의『거대한 전환*La Grande Transformation*』(Gallimard, Paris, 1983(1945))에서 상세하게 분석된다. 이와 동일한 거리 취하기는 바티스트 모리조의『살아있음의 방식들*Manières d'être vivant*』(Actes Sud, Arles, 2020)에서도 다시 발견할 수 있다. 자연경제 개념의 종교적 기원은 많은 연구의 분석 대상이다. 조르조 아감벤의『왕국과 영광: 오이코노미아와 통치의 신학적 계보학을 향하여. 호모 사케르 II, 2*Le Règne et la Gloire: Pour une généalogie théologique de l'économie et du gouvernement. Homo Sacer II, 2*』(trad. Joël Garand & Martin Rueff, Seuil, Paris, 2008)를 참조할 것. "오이코스oikos" 개념의 경계들에 대해서는 나와 페터 바이벨의 앞의 책『임계영역』중에서 에마누엘레 코치아의「자연은 당신의 가정이 아니다Nature is not your household」(*op. cit*,

p. 300~304)를 참조할 것.

이익 계산과 다윈주의 사이에 삽입되는 격차는 특히 축차적 선택sélection séquentielle의 개념과 함께할 때 커지는데, 포드 둘리틀Ford Doolittle이 쓴 「가이아를 다윈주의화하기Darwinizing Gaia」(*Journal of Theoretical Biology*, 434, 2017, p. 11~19)와 「지구는 하나의 유기체인가?Is the Earth an Organism?」(*Aeon*, décembre 2020)를 참조할 것. 또 티모시 렌튼 등의 논문 「다중의 공간규모를 거치는 가이아 선택Selection for Gaia across multiple scales」(*Science Direct,* 33, 8, 2018, p. 633~645)의 논증을 참조할 것.

8

8장 「하나의 영토를 제대로 된 방향에서 묘사하기」는 이 책의 헌정 대상 〈우 아테리르〉 컨소시엄(ouatterrir.fr/index.php/consortium)의 체험을 바탕으로 하며, 이 체험은 별도의 출판물에서 다시 다룰 예정이다. 〈AOC 미디어AOC media〉의 2020년 3월 29일자 기사 「위기 이전의 생산으로 회귀하는 것에 맞서 차단의 몸짓을 발명하기Inventer les gestes barrièrres contre le retour à la production d'avant crise」가 발단이 된 웹 버전 설문지는 인터넷상에서 많은 파생본들을 만들어 낸 바 있다. 한편, 나는 선도적인 장기 기획에 참여해 자기 묘사의 체험을 긷는다. 영토의 개념에 관해서는 뱅시안 데프레의 『새鳥로 거주하기

Habiter en oiseau』(Actes Sud, Arles, 2019)에서도 착상을 끌어온다.

가이아를 하나의 유기적 조직체와 혼동하지 않는 일이 다시금 매우 중요하다. 이 주장을 나는 「어째서 가이아는 총체성의 신이 아닌가Why Gaia is not a God of Totality」(*Theory, Culture and Society*, 34, 2-3, 2017, p. 61~82)에서 전개했다.

"공동성"이라는 개념이 한창 거듭나는 중이다. 내가 아는 바로는 마리 코르뉘Marie Cornu, 파비엔 오르시Fabienne Orsi, 쥐디트 로슈펠드Judith Rochfeld의 멋진 기획 『공동 자산 사전 *Dictionnaire des biens communs*』(PUF, Paris, 2018)이 다른 어떤 것들보다도 훌륭하게 이 영역을 답파한다.

9

앞 장과 마찬가지로 9장 「풍경의 해빙」 또한 무엇보다도 〈우아테리르〉 컨소시엄에서의 체험에 의존한다. 컨소시엄 진행자들이 개발한 장치를 바탕으로 프랑스 여러 도시에서 모인 참여자들이 집단적으로 고안한 그 규약의 내용을 요약하는 한마디는 '나침반'이다.

나와 페터 바이벨의 앞의 책 『임계영역』은 내용뿐만 아니라 형식에서도 이 "해빙"의 전반적 동향을 훨씬 더 상세히 포착하고자 시도한다.

'봉쇄'가 강요한 회귀를 이해하기 위해 나는 크리스토프 르클레르Christophe Leclercq와 함께 이끈 『근대성 리셋하기!*Reset Modernity!*』(MIT Press, Cambridge, Mass., 2016)에서 동원된 예술사, 그리고 물론 나의 책 『우리는 결코 근대인이었던 적이 없다*Nous n'avons jamais été modernes: Essai d'anthropologie symétrique*』(La Découverte, Paris, 1991)에 도움을 청한다.

자연주의의 발명이라는 문제는 필리프 데스콜라의 『자연과 문화를 넘어서*Par-delà nature et culture*』(Gallimard, Paris, 2005)의 주된 연구 대상이다. 그는 이 기획을 곧 출간될 신작 『가시적인 것의 형태들: 형상화의 인류학*Les formes du visible: Une anthropologie de la figuration*』에서 속행하며, 이 저서는 『이미지들의 제작*La Fabrique des images*』(Édition du Quai Branly-Somogy, Paris, 2010)에서 미리 예고된 바 있다. 장면-풍경scène-paysage의 발명에 관해 프레데리크 아이트투아티가 진행 중인 작업은 앞서 언급한 『테라 포르마』에 일부분 소개되었다. 마지막으로 나의 책 『우려물의 양식이란 무엇인가? 두 번의 경험철학 강의*What is the Style of Matters of Concern? Two Lectures in Empirical Philosophy*』(Spinoza Lectures, Royal Van Gorcum, Assen, 2008)를 참조할 것.

사라 바뉙셈은 『땅의 소유권*La Propriété de la terre*』(Wild Project, Marseille, 2018), 그리고 나와 페터 바이벨의 앞의 책 『임계영역』에 게재한 「안락으로부터의 자유Freedom from easements」(*op. cit.*, p. 240~247)에서 소유 개념의 전도를 추진한다. 인류학에서 공동 풍경의 전복에 관해서는 데보라 버드 로즈Deborah Bird Rose의 『들개의 꿈: 사랑과 절멸*Le rêve du chien sauvage: Amour et extinction*』(trad. Fleur Courtois-L'Heureux,

La Découverte, coll. Les Empêcheurs de penser en rond, Paris, 2020)을 참조할 것. 또한 쥘리에트 뒤마지-라비노Juliette Dumasy-Rabineau, 나딘 가스탈디Nadine Gastaldi, 카미유 서척Camille Serchuk이 공동으로 기획한 아름다운 카탈로그 『예술가들이 지도를 그렸을 때: 중세에서 르네상스까지 프랑스 공간의 시선과 형태*Quand les artistes dessinaient les cartes: Vues et figures de l'espace français, Moyen Âge et Renaissance*』(Archives nationales et Éditions Le Passage, Paris, 2019)를 참조할 것.

개인과 사회 간 관계의 전도는 행위자-연결망의 핵심 사안이다. 이에 관해서는 내 책 『사회 교체하기 – 사회학 개조하기*Changer de société – refaire de la sociologie*』(trad. O. Guilhot, La Découverte, Paris, 2006)를 참조할 것.

10

10장 「필멸하는 몸들의 증식」에서 나는 과학기술사회학STS 계열의 문학, 그중에서도 특히 안네마리 몰Anne-Marie Mol의 흥미진진한 저서 『몸의 다중성: 의료 행위의 존재론*The Body Multiple: Ontology in Medical Practice*』(Duke University Press, Durham, 2003)과 이반 일리치의 고전적인 책 『의학의 네메시스: 건강의 수탈*Némésis médical: L'expropriation de la santé*』(Seuil, Paris, 1975) 그리고 무엇보다도 제대로 알려지지 못해 유감인 그의 저서 『특유종*Le Genre vernaculaire*』(Seuil, Paris, 1982)을 이

용한다. 몸의 포착에 관해서는 에블린 폭스켈레르Evelyne Fox-Keller의 『생물학의 진보에서 은유의 역할*Le Rôle des métaphores dans les progrès de la biologie*』(Les Empêcheurs de penser en rond, Paris, 1999)과 나의 논문 「신체에 대해 어떻게 말할 것인가? 과학 연구에서 규범적 차원How to talk about the body? The normative dimension of science studies」(*Body and Society*, 10, 2/3, 2004, p. 205~229)을 참조할 것. 고통받는 신체에 대한 파악의 증대에 관해서는 토비 나탕Tobie Nathan과 이자벨 스탕게르스의 『의사들과 마법사들*Médecins et sorciers*』(La Découverte, coll. Les Empêcheurs de penser en rond, Paris, 1995)을 참조할 것.

내적, 외적인 관계의 전도 문제에서는 레몽 뤼예Raymond Ruyer의 『신-궁극목적론*Néo-Finalisme*』(PUF, Paris, 2013(1952))에, 그리고 물론 경험의 계속성에 관해서는 윌리엄 제임스에게 많은 것을 빚졌다. 이 전통에 대해서는 이자벨 스탕게르스의 『상식을 되살리기*Réactiver le sens commun*』(La Découverte, coll. Les Empêcheurs de penser en rond, Paris, 2020)를 참조할 것. 로랑스 알라르Laurence Allard, 델핀 가르데Delphine Gardey, 나탈리 마냥Nathalie Magnan이 공동 기획한 『사이보그 선언 및 기타 에세이들*Manifestes cyborg et autres essais*』(Exils éditeur, Paris, 2007)에서 앞서 언급한 『곤란과 함께 살기』에 이르기까지, 내가 보기에 페미니즘과 생물학의 융합을 가장 멀리까지 밀고 나간 이는 도나 해러웨이다. 이밖에 에밀리 아슈가 현재 진행 중인 연구 「땅으로부터 태어나다: 지구생활자들을 위한 새로운 신화」(*loc. cit.*)를 참조할 것.

11

11장 「민족집단형성의 재개」는 페터 바이벨과 내가 함께 이끈 앞의 책 『임계영역』 중에서 행성들을 극화한 나의 「우리는 같은 행성에 살지 않는 듯하다We don't seem to live on the same planet」(*op. cit.*, p. 276~282), 그리고 디페시 차크라바르티Dipesh Chakrabarty와 함께 작업한 논문 「행성 균형 싸움: 한 차례의 대화Conflicts of planetary proportions: A conversation」(*Journal of the Philosophie of History*, 14, 3, 2020, p. 419~454)의 관점을 다시 취한다. 나는 마르탱 기나르Martin Guinard와 함께 타이페이 예술 비엔날레 〈당신과 나는 같은 행성에 살지 않는다You and I Don't Live on the Same Planet〉(2020~2021)에서 이 작업을 계속 이어 간다.

"행성성의 체제들régimes de planétarité"이란 개념은 크리스토프 보뇌유Christophe Bonneuil의 『역사가와 행성: 생태학-세계, 환경적 반향 및 지구권력의 교차점에서 행성성의 체제들을 사유하기*L'Historien et la Planète: Penser les régimes de planétarité à la croisée des écologies-monde, des réflexivités environnementales et des pouvoirs*』(출간 예정)에서 유래한다. 퇴장이라는 이름의 행성에 관해서는 나와 페터 바이벨의 앞의 책 『임계영역』 중 니콜라이 슐츠의 논문 「엑소더스로서의 삶Life as Exodus」(*op. cit.*, p. 284~288), 그리고 나스타지아 마르탱의 『야생의 영혼들: 서구에 맞서는 어느 알래스카 부족의 저항』(La Découverte, Paris, 2016)에 의존한다.

외교술이라는 핵심 개념의 경우는 이자벨 스탕게르스의 『성처녀와 중성미립자*La Vierge et le Neutrino*』(Seuil/Les Empêcheurs de penser en rond, Paris, 2005), 또 그가 자크 롤리브Jacques Lolive와 올리비에 수베랑Olivier Soubeyran이 공동으로 이끈 『코스모정치의 등장』에 게재한 논문 「코스모정치적 제안la proposition cosmopolitique」(*L'Émergence des cosmopolitiques*, La Découverte, Paris, 2007, p. 45~68)을 참조할 것. 나는 〈데콜로니얼 아틀라스Decolonial Atlas〉기획이 이어 가는 일상의 작업(decolonialatlas.wordpress.com)에 큰 경탄을 품는다. 잠식이라는 핵심 개념에 관해서는 프레데리크 아이트투아티와 에마누엘레 코치아가 주도한 앞의 책 『가이아의 외침』 중 파트리스 마니글리에Patrice Maniglier의 「가이아정치 소론Petit traité de Gaïapolitique」(*op. cit.*, p. 185~217)을 참조할 것.

인간중심주의의 필요성에 대해서는 클라이브 해밀턴의 『저항하는 지구: 인류세에서 인간의 운명*Defiant Earth: The Fate of Humans in the Anthropocene*』(Polity Press, Cambridge, 2017)을 참조할 것. 인류세에 대한 서지는 정말 많다. 얀 잘라시에비치Jan Zalasiewicz 등이 쓴 『지질학적 단위로서의 인류세*The Anthropocene as a Geological Unit*』(Cambridge University Press, Cambridge, 2019)와 같이 데이터들의 원천에서 정보를 길어오는 길이 최선이다.

무수히 다른 방식으로 중첩되는 모나드의 개념은 가브리엘 타르드의 『모나드론과 사회학*Monadologie et sociologie*』(Les Empêcheurs de penser en rond, Paris, 1999(1895))에서 취한 것이

다. 이 직관적 이해를 보다 발전시키려면 특히 나와 여러 저자들이 쓴 「"전체는 늘 그것의 부분들보다 작다." 모나드에 관한 가브리엘 타르드의 디지털 실험"Le tout est toujours plus petit que ses parties". Une experimentation numérique des monades de Gabriel Tarde」(*Réseaux*, 31, 1, 2013, p. 199~233)을 참조할 것.

왕립 과학과 노마드적 또는 배회적 과학 사이의 대립에 관련해서는 질 들뢰즈와 펠릭스 과타리의 『천 개의 고원: 자본주의와 분열증*Mille plateaux: Capitalisme et schizophrénie*』(Éditions de Minuit, Paris, 1980)을 참조했다.

가이아의 시간의 가변적 규모에 대해서는 재차 렌튼 등이 쓴 「다중의 규모를 거치는 가이아 선택」(*loc. cit*)을, 그리고 인류세의 효과에 관해서는 렌튼과 내가 함께 쓴 「가이아 2.0.Gaia 2.0.」(*Science*, 14 septembre 2018, p. 1066~1068)을 참조할 것.

12

12장 「아주 기이한 전투들」은 또다시 피에르 샤르보니에의 앞의 책 『풍요와 자유』, 그리고 지리-사회학적 계급들에 관한 니콜라이 슐츠의 연구들, 그중에서도 특히 나와 페터 바이벨의 앞의 책 『임계영역』에 실린 그의 「신 기후, 신 계급투쟁New climates, new class struggles」(*op. cit.*, p. 308~312)의 논의에 근거한다. **적출자들**의 초상은 특히 사스키아 사센Saskia Sassen의 작품 『추방: 글로벌 경제에서 난폭성과 복합성*Expulsions: Brutalité* *et complexité dans l'éonomie globale*』(trad. Pierre Guglielmina, Gallimard, Paris, 2016)에서 제시된다. 또한 뤼카 샹셀Lucas Chancel의 『지지할 수 없는 불평등*Insoutenables inégalités*』(Les petits matin, Paris, 2017)을 참조할 것.

13

13장 「사방으로 흩어지기」에서는 〈글로벌 풋프린트 네트워크global Footprint Network〉에서 고안한 곡선그래프를 이용한다. 이 네트워크는 다수의 언어로 번역되는데, 프랑스에서는 wwf.fr/jour-du-depassement를 참조할 것. 2020년 봄 봉쇄 중의 초과일 이동에 관해서는 futura-sciences.com/planete/actualites/developpement-durable-jour-depassement-recul-exceptionnel-trois-semaines-63853를 참조할 것.

기후 협상에서 자기조절이라는 보이지 않는 이론의 놀라운 개입에 관해서는 슈테판 아이쿠트Stefan Aykut와 아미 다앙Amy Dahan의 『기후를 통치할 것인가? 기후 협상의 이십 년*Gouverner le climat? Vingt ans de négotiation climatique*』(Presses de Science Po, Paris, 2015) 그리고 세바스티엥 뒤트뢰유의 앞의 논문 「가이아: 가설인가, 지구시스템을 위한 연구 프로그램인가, 혹은 자연철학인가?」 중 지구시스템과학에 끼친 러브록의 영향에 관한 상세한 분석을 참조할 것. 자기조절은 사이버네틱스 모델 쪽으로 향하는 러브록과 총괄적인 모델을 전혀 거치지 않으며 생명체들과 점차로 화해하는 마굴리스 사이에 존재하는 긴장 그 자체를 형성하는 용어다.

나는 십 년 전부터 프레데리크 아이트투아티와 함께 연극적인 실험들을 계속해 왔다. 이것은 말 그대로 통상적인 우주론의 자명함에 맞서 가이아의 과학적 개념을 극화하는 작업이다. 〈인사이드Inside〉(2018), 〈무빙어스Moving Earths〉(2019)의 다양한 캡처 영상들을 youtube.com/watch?v=ANhumN61NfI&feature=youtub.be를 통해 참조할 것. 또한 피에르 도비니Pierre Daubigny가 극본을 쓴 〈가이아 글로벌 서커스Gaïa Global Circus〉를 참조할 것.

가이아와 글로브 또는 글로브적 특성globalité이라는 개념 사이의 대립을 이해하려면 나의 논문 「어째서 가이아는 총체성의 신이 아닌가」(*loc. cit.*)를 참조할 것. 땅의 노모스 개념은 물론 칼 슈미트Carl Schmitt의 『대지의 노모스: 유럽 공법의 국제법*Le Nomos de la Terre dans le droit des gens du* Jus Publicum Europaeum』(trad. Lilyane Deroche-Gurcel, PUF, Paris, 2001)에서 유래한 것이다. 슈미트의 관점에 함축된 새로운 공간 개념에 대해서는 곧 발표될 나의 「그릇된 공간에서 어떻게 여전히 인간으로 남을 수 있는가? 칼 슈미트의 대화에 대한 논평How to remain human in the wrong space? A comment on a dialog by Carl Schmitt」을 참조할 것.

땅을 향한 다양한 숭배 의식을 연구한 인류학으로는 르네 코크피에트르Renée Koch-Piettre, 오딜 주르네Odile Journet, 다

누타 리베르스키바뉴Danouta Liberski-Bagnoud가 공동으로 이끈 흥미로운 논문집 『땅에 대한 회고록: 비교고연구학*Mémoires de la Terre: Études anciennes et comparées*』(Jérôme Millon, Grenoble, 2020)을 참조할 것. 일리치의 지령은 그의 앞의 책 『가장 좋은 것의 부패가 가장 나쁜 것을 낳는다』에서 가져온 것이다.

나는 어디에 있는가?
코로나 사태와 격리가 지구생활자들에게 주는 교훈

지은이 브뤼노 라투르
옮긴이 김예령

처음 펴낸날
2021년 7월 26일

펴낸이 주일우
출판등록 제2005-000137호 (2005년 6월 27일)
주소 서울시 마포구 월드컵북로 1길 52 운복빌딩 3층
전화 02-3141-6126 | 팩스 02-6455-4207
전자우편 editor@eumbooks.com
홈페이지 www.eumbooks.com

편집 임재희
아트디렉션 박연주 | 디자인 권소연
홍보 김예지 | 지원 추성욱
인쇄 삼성인쇄

페이스북
@eum.publisher
인스타그램
@eum_books

ISBN 979-11-90944-29-8 03300

값 20,000원

INSTITUT
FRANÇAIS

- Cet ouvrage a bénéficié du soutien des Programmes d'aide à la publication de l'Institut français.
이 책은 프랑스문화원의 출판번역지원프로그램의 도움으로 출간되었습니다.